中国乡村社会田野调查

吕虹 著

山东大学出版社
SHANDONG UNIVERSITY PRESS
·济南·

图书在版编目(CIP)数据

中国乡村社会田野调查/吕虹著.—济南：山东大学出版社，2022.10

ISBN 978-7-5607-7244-8

Ⅰ. ①中…　Ⅱ. ①吕…　Ⅲ. ①乡村－社会调查－调查研究－中国　Ⅳ. ①D668

中国版本图书馆 CIP 数据核字(2021)第 235585 号

责任编辑　唐　棣
封面设计　杜　婕

中国乡村社会田野调查
ZHONGGUO XIANGCUN SHEHUI TIANYE DIAOCHA

出版发行　山东大学出版社
社　　址　山东省济南市山大南路 20 号
邮政编码　250100
发行热线　(0531)88363008
经　　销　新华书店
印　　刷　济南巨丰印刷有限公司
规　　格　720 毫米×1000 毫米　1/16
　　　　　10.25 印张　207 千字
版　　次　2022 年 10 月第 1 版
印　　次　2022 年 10 月第 1 次印刷
定　　价　49.00 元

目 录

引言

这本书呈现的是笔者近些年来在山东、湖北、贵州、四川等省的农村田野调查中观察到的现象，虽然空间和时间上都有相当的跨度，但笔者还是试图在彼此参照中作出一些学术思考和政策探讨。

马克斯·韦伯将自己的社会学称为“理解社会学”。在实地调查中，研究者实际上就是在试图理解乡村基层干部和农民对由封闭转为开放、由静止转为变动不居的世界的理解方式，以及他们为什么会有这样一种理解方式。理解方式意味着对各种信息——既包括传统的、乡土的，也包括来自国家的、来自市场的——的定义和解码方式，然后根据这种特定的理解方式作出反应，展开行动。国家通过各种政策对农村实现良性治理的努力，各种生产要素在农村的承接与对接，其实都要建立在对农民及其生活的深刻理解基础上。做一个不那么贴切的比喻，只有在生理学方面有了深入的、较为精准的认知和研究，然后才可能在病理学、药理学方面实现实质性的进展。

一方面，乡村社会对于研究者而言，是一个“他们的世界”。无论研究者自身多么强调自己“出身农村”“了解农民”，只要我们以研究者的身份置身其中，实际上几乎就没有办法自觉地以农民和基层干部的视角、思维方式去看待正在发生的一切。因此，如何做到真实地而不是先入为主地理解乡村社会，是一个相当核心的研究方法甚至学术伦理的问题。

另一方面，农民的内部分化，以及全国范围内的地域分化呈现出越来越明显的趋势。城中村的农民、城郊村的农民、远郊的农民，其利益诉求对同一政策变化、同一技术进展的态度可能是截然不同甚至是完全相反的。东、中、西部农民，发达地区与欠发达地区的农民，对政策供给的需求也呈现出非常不同的特点。再加上各地的“地方性知识”、各种“小传统”，乡村社会出现了类似于韦伯所说的“万花筒”，如果研究者以简单化的分析框架对待它，就会遗漏掉诸多也许是非常重要的信息。

上述这些，在以“中国农村”研究为题的“宏大叙事”中，往往是被忽视的。事实上，农村研究始终存在自上而下和自下而上、由外而内和由内而外两种研究进路和分析视角。自上而下、由外而内，强调政策和市场的“形势比人强”，强调外部因素持续不断地进入乡村，持续不断地改造乡村经济结构、社会结构以及人们的行为方式、交往方式，乡村快速地、不可逆地变为另一种模样；自下而上、由内而外，强调外部因素与乡土因素的“遭遇”性质，强调一种特定结构的稳定性，以及这种稳定性的重要性，强调无论是政策还是市场化要素，都要特别重视与地方性知识的结合，注意在这种结合的前提下谨慎地设置各种政策，谨慎地推动资本下乡等市场因素的进入。这两种倾向在不同的学科视角，特别是学科方法论框架下，也会出现明显的分野。针对农村问题的学术争论和政策讨论，很多可以从这个角度去认识理解。

本书的议题集中在农村社区治理、行政下沉、集体经济发展、精准扶贫、乡村德治、农民的生活世界等方面，试图从那些不怎么起眼的微小事件入手，较为细致深入地刻画在巨大社会变迁背景下，在市场化因素和行政化因素同时更加深刻进入乡村社会末端毛细血管的背景下，各地农民以及基层干部所作出的反应，以及由此而产生的适应性行动。按照吉登斯的结构化理论，行动与结构之间相互建构，这在这些田野调查中体现得十分明显。

乡村振兴战略的提出和实施，既是乡村发展前所未有的巨大机遇，也是前无古人的伟大实践。从本书的视角来看，顺利实施乡村振兴战略，应当注意这几个方面的问题。

一是注重总体性原则。乡村社会是一个总体。之所以会有所谓“农村问题”或者“农村产业问题”等，是因为研究者出于研究的方便，出于操作性的可能，从总体当中构建出这样一个研究领域和研究对象；也是因为在具体工作中，出于工作的方便与可能性，划分出工作领域和分工分管的职能，并进行相应的部门设置。非如此不可能进行研究，也无法推动工作。但是在研究分工和工作分工长时间体制化之后，总体性的前提往往被悬置或者被忽视，原本被“构建”出来的问题占据所有的视野而成为问题本身，研究领域、学科分化、工作推进、机构设置都在切割现实，最终无论是在研究中还是在工作中，完整的现实都消失了，成为学科视角、研究兴趣和特定工作任务所造就的零碎的、片段化的现实。农村研究和农村工作随之成为独立领域。这样，手段与目的、原因与结果往往就颠倒过来，为解决总体性问题而存在的学科划分和工作分工成为阻碍。因此，在思想认识上，必须将悬置的总体性清晰明确地找回来，要在自觉的全局性原则下开展基于学术分工的科学研究以及基于部门和职责分工的实践工作，否则就失去了方向性的指引，类似于盲人摸象。这种全局性、总体性的要求正是“战略”的本意。在以往的实践当中，政策“打架”的现象屡见不鲜，重要原因在于各个具体政策背后都有隐含的理论前提，而理论的背后又有特定的价值前提，基于不同的甚至冲突的理论和价值前提而制定的具体政策，不可能没有内在冲突。如果农业存在什么不足，就出台关于加强农业发展的意见，农民遇到什么状况，就出台改善农民状况的意见，农村遇到什么问题，就出台改进农村工作的意见，那么政策之间、部门之间、层级之间各自为政、内耗严重、效率低下就会成为常态。

二是要注重乡村承接平台和承接机制问题。可以想见，在脱贫攻坚结束、农村发展转向全面推进乡村振兴的时代背景下，频次密集的政策安排、各种新的政策工具、来自国企国资的大量资金，以及由此撬动的社会资金将集中进入农村，各类人才也会向农村汇聚，农村地区在短期内将会承受巨大压力。形象地讲，资金、政策、技术、人才，犹如天上下的雨，想要接住这些雨，就需要有容器。容器小一些，比如碗、杯子，就接得少一些；容器大一些，比如缸、瓮，就接得多一些；如果容器足够大，比如一个水库，就会接得足够多。农村地区用什么去承接“天上的雨”呢？这就是承接平台问题。进一步讲，农村地区怎么去打造这个平台？这就是承接机制问题。这两个问题得不到很好解决，政策创新和资金投入的效用就会大打折扣，甚至可能适得其反。这种承接平台和承接机制，不仅仅指农村土地等要素方面的整合，还指农村经济结构、人口结构、空间结构的重组重构，是农民之间、农民与集体之间、农民与国家之间联结方式的重大变化，是农民生活世界的重大变化。因此，不能仅有单向度的由上而下、由外而内的视角。政策文本中经常提及要“发挥农民主体作用”，实际上就是要从理解农民、理解农民的生活世界出发，重视由下而上、由内而外的理论视角和政策视角。

三是要高度重视“村庄”地位的变化。从历史角度看，无论国家的治理体系如何演化，自然村在农村社会中的结构性地位都没有改变。以这些自然村为基础，古代中国基于税收、劳役等需要，设置了乡里、保甲等基层组织，新中国成立后，无论是人民公社前期的初级社、高级社，还是后来的生产大队和生产小队，以及行政村，都是以自然村为基础的行政建制。村庄的基础要么是姓氏的血缘网络，要么是以地域为基础的社会网络。我们现在所称的行政村，要么与自然村同构，要么由几个自然村组成，要么由一个较大的自然村分割而成。自然村是中国农民生产生活的基本场所，是在历史发展进程中自然形成的社会实体，始终是中国农村的基本社会单元。生活在自然村中的人们以地缘或者血缘为纽带，是学术意义上的社会共同体和地方社会。历史上，作为自治体的村落在生产体系和治理体系上能够实现有机结合，不仅提供基本公共秩序，而且提供基本的生产秩序，生产体系和治理体系是有效结合在一起的。

或者说，传统社会中，由于血缘、地缘、业缘这三种最基本的社会纽带在村庄层面上实现了整合，因此村庄具有了最合适的农村基本社会治理单元、行政管理单元、经济发展单元三位一体的地位和功能。但是，一方面，随着土地、劳动力、资金等生产要素的流动以及生产经营活动范围逐渐突破村庄的界限，村庄越来越不能够整合各种要素资源，无法完成基本经济发展单元的任务职责；另一方面，村庄范围窄、经济体量小、产业链条短，无法在这一层面上联结打通三产，实现三产融合。以村庄为基本经济发展单元，客观上只能着眼于一产，很难实现农民持续增收，强行在这一层面上投入第二、三产业，由于无法实现规模效应等，多数产业层级低、配套程度低，很容易被归入“散、乱、污”之列，应对市场风险和政策风险能力很弱，效益必然比较差。农村行政管理单元、社会治理单元和经济发展单元在村庄层级已经出现错位。小农生产条件下的农村聚落方式，与规模生产条件下的农村聚落方式会有很大不同，这实际上也凸显了农村行政区划与功能区划之间、农村行政区与功能区之间的矛盾关系问题。生产方式—生活方式—管理方式的变化规律，也体现为小农生产条件下的聚落方式向规模生产条件下的聚落方式转变。

实施乡村振兴战略当然要以做好村庄建设发展的具体工作为前提，但是如果将乡村振兴简单地理解为村庄振兴，在理论和政策上继续将村庄作为孤立的、独立的单元，以人为物理边界切割完整的市场体系，以碎片化的行政管理方法消解资金和政策的规模效应，不能将一个区域内的城乡作为整体和体系加以看待，真正的乡村振兴也就无从谈起。乡村经济发展和社会治理基本单元设置调整的要求越来越迫切了。

希望本书呈现的不同地域之间乡村图景的互相参照，以及乡村经济社会发展在时间序列上的相互参照，能够对当前乡村振兴学术研究和政策研究发挥一点参考作用。

第一章　特色经济发展与村庄共同体变迁

滕尼斯在《共同体与社会》一书中细致地区分了共同体与社会两种不同的形态，在他看来，“所有亲密的、私人的和排他性的生活，就像我们所揭示的那样，可以被理解成共同体(原文为‘社区’，‘共同体’一词为笔者据原文改译)中的生活。社会的生活是公共的，它是世界本身”①。在共同体之中，共同的意志、成员的非个体性、信仰和道德习俗对个体行为的约束与认知的形塑是显著性的特征。在费孝通看来，中国传统的村落社区便是这种共同体，身处其中的农民“活动范围有地域上的限制，在区域间接触少，生活隔离，各自保持着孤立的社会圈子”②。在这个圈子内，地缘只是血缘的投影与延伸，人们彼此认同，有一致的认同感。在日常的生活中，人们认同与认可共同的道德标准与行为规范，因此这种共同体相对稳定的一个重要条件便是共同体边界清晰以及人口相对稳定(而非流动)。江西省赣州市寻乌县是客家文化的主要发源地和传承地，本章将重点考察寻乌农村信仰及仪式的变迁及其对村庄共同体的影响，并探讨在果业特色经济发展以及农民外出务工的背景下，村庄共同体变迁的情况。

一、神灵信仰与祖先崇拜

按照马林诺夫斯基的功能观，民众的神灵信仰——这种世俗人对超自然能力的期盼与寄望，是“个人追求自身福利和消除不确定感的行为，它们的功能在于在没有科学技术的状态下人们赖以满足自己基本生物需求的手段”③。

① 〔德〕斐迪南·滕尼斯：《共同体与社会》，张巍卓译，北京：商务印书馆，2019年，第33页。

② 费孝通：《乡土中国　生育制度》，北京：北京大学出版社，1998年，第9页。

③ 王铭铭：《社会人类学与中国研究》，桂林：广西师范大学出版社，2005年，第145页。

(一)神灵谱系

在寻乌农村,大部分村民都是地方宗教的信仰者,信仰的对象也较为复杂。通常而言,信仰的神灵包括以下几个层次:

1.灶君

在寻乌农村,几乎家家户户都要祭拜灶君。灶君是农家厨房里的神仙,每年年终时会向玉皇大帝汇报各家各户的情况。各家主妇每年春节、除夕和正月初一都要为灶君呈上祭品,向其祭拜,以期灶君向玉皇大帝汇报自家情况时能够为自己美言几句。

2.村神

几乎寻乌的每一个自然村都有属于自己的村神,村民往往会在神仙的名称之后加一个"公",以此作为称谓,如八郎公、康公等。村庙往往建在自然村中远离生活居住区的地方,规模不大,一般是用砖石垒砌而成的不足1平方米的小屋,里面供奉着神像或神牌。近些年来,许多村庙重建,扩建为10平方米左右的小屋,村民会在特定的时间前往祭拜。澄江镇北亭村大顶下自然村的村庙,供奉的便是康公。对于康公究竟是何方神圣,村中的老人也无法说清,只知道祖祖辈辈都传说他原本是一个凡人,救过自己的祖先,令本族人躲过了一场劫难。由此,族人不忘恩,便立庙供奉康公,视其为自己族人的保护神。在寻乌农村,村神的辖区是有边界的,即外村人不会前往其他村村庙祭拜,本村人也不会去祭拜其他村的村神。这种神灵信仰的边界区隔了村庄与村庄之间的联系,划清了村庄共同体的边界。

村神庙通常都有各自的庙会,本村人会在这一天去祭拜村神。例如,康公庙的庙会时间是农历七月初七,这一天大顶下村的村民家家户户都要拿着肉类等祭品,提着鞭炮去祭神,每家都像过年过节一样,请亲朋好友到家中聚会。

澄江镇亦有同一庙中供奉五个自然村村神的案例。黄村、邹屋、廖屋、凌村及秦屋的村神关公、八郎公、观世音等一同供奉在邹屋辖区内的村庙中。虽然五位村神被放在一起供奉,但他们各自的祭日(生日)却是不同的:关公的祭日是五月十三,八郎公的祭日是六月初六,观世音的祭日是九月十九等。不同的日期会有不同的村民前来祭拜,例如农历九月十九是观世音的祭日,受观世音庇护的廖姓家族成员要将观世音的神像和其他四尊神像抬至廖姓宗祠进行祭拜,祭拜结束后再将众神像抬回归位。2010年9月,观世音生日时,廖姓家族举行了声势浩大的祭祀仪式,此处兹摘录公告如下:

万事如意

送子送财观世音，添福添寿保平安。
龙飞凤舞人间景，风调雨顺橘橙多。
鼓乐声声万家乐，安居乐业享天伦。
善男信女真乾坤，神通广大求必应。
神灵保佑万事顺，橘橙价高庆丰收。
霞光万里祥云开，飞黄腾达亿万年。

今天是观世音生日和诸位大神出行的好日子，廖姓家族和关心支持本节日盛大活动的善男信女们特举行大神出行，以舞龙队、鼓乐队、喇叭队来丰富本次活动，现将捐款公示如下：

……

3.沙官神

如果说村神庇护的对象是有边界的，只庇护本村（自然村）的信众，那么沙官神庇护的对象则要宽广得多，会庇护所有敬奉他的信徒。敬奉沙官神的小庙通常是路边大树下一座几十厘米高的小屋，村民一般会在过年或庙会的时候给沙官神上香，祈求出入平安、五谷丰登。

4.大神

与家族神——村神的庇护范围相比，大神庇护的范围更宽，且较沙官所辖的内容更为丰富。大神通常都有比村庙大得多的庙宇或殿堂。诸大神由于法力不同，信仰和祭祀圈亦有差异，例如五显大帝是寻乌有名的大神，许多外地信徒也会慕名前往祭拜。五显大帝亦称五圣大帝、五通大帝、华光菩萨等，在客家民俗中经历了由神到人，又由人到神的形象演变。传说玉皇大帝封其为“玉封佛中上善五显头官大帝”，永镇中界，从此受万民景仰，求男生男，求女得女，经商者外出获利，读书者金榜题名，农耕者五谷丰登，有求必应。江西寻乌县每年五显大帝生日（农历九月二十八日）这天都要举行隆重的庙会，为他祝寿，祈求风调雨顺、田禾大熟。依托大神的祭拜活动，往往会出现一些重要的庙会，文峰乡长举村的五显大帝庙会便是其中规模最大、历史最久者之一，至今已有500多年的历史。寻乌县长举村五显大帝金身放置在村里的霞光古庙中，该古庙始建于明朝，位于长举村中心处，占地面积约180平方米。每年农历九月二十七日下午4点，村民恭请大帝金身下座，至第二天凌晨均到古庙前杀鸡祭祀。九月二十八日巳时，村民抬着大帝金身巡视全村，家家燃放鞭炮，摆放供品，为大帝祝福；午时，大帝金身转坛上座，举行打龙舞狮、唱木偶戏、迎故事等民俗活动，吸引四方来客。这天，村里家家户户备好丰盛的宴席，期盼家中来客，来的客人越多主人越高兴，因为这意味着家中会越来越兴旺。

对于中国社会的神灵信仰，毛泽东在1930年的《寻乌调查》中将其称为“神道地主”。在他看来：

> 神道地主即神、坛、社、庙、寺、观六种。“神”是指的各种各色的神，许多都有会，如赵公会、观音会、关爷会、大神会、真君会、婆太会、赖爷会、公王会、伯公会、文昌会等等，都是没有庙的。还有一种醮会，祈神之用，也属这一类。在上述的各种神内有一部分是立了“坛”的。坛是立起一块石头，有的几块石头垒成一个小屋，那里面藏着好灵验的神呀，因此叫做坛。不论神、坛，凡有会都有公田，出钱弄这种神会的通通是富农地主。神会的产业百分之九十五是田地，百分之五是谷子和钱。这种田、谷、钱，叫做“会底”。目的：一是为神，因为神能保佑他们人畜清泰，财丁兴旺；二是吃东西，神诞那一天吃一顿，过年过节还有肉分，但要斗了份子的才有吃有分。斗过份子后来穷了的，有顶退份子的办法，譬如每份是五块钱会底，人家就出五块钱给他“顶”了去，他就算是“退”出了会。“社”是与“神坛”有别的一种“社坛”，每个村子有一个，即使那个村子只有三家人，也有个社坛。为什么要社坛？保佑禾苗没有虫子食、牛猪六畜不至于遭瘟，保佑人们得到康健。每个社都有会，二月起，十月止，每月都开会，会期普通是初二，有些地方是十六。开会那天，同社的人每家来一个，不分贫富，一概有份，杀猪买酒，大吃一顿。吃过之后，开堂议事，作陂开圳呀，禁六畜伤害禾苗呀，禁胡乱砍伐山林竹木呀，条规不一，议论纷纷，也没有什么主席，也不要什么记录。虽然乱讲一顿，却有一种自然的秩序。就是当那所谓“老前辈”或所谓“更懂事的”讲得“更公道”的时候，大家都说他的话“讲得好”，就是这样子成了决议。这种社是群众的，虽然也信神，却与地主富农的神坛完全两样。这种社的会议是农民作主，不是豪绅作主，也不完全是富农作主，是大家来而“更公道”的人的话为大家所信仰，这个人就作了无形的主席。社坛有公堂的最少，大多数是每月初二开会（要敬神）时候大家斗钱，每人每次二毛、三毛至四毛，不来吃的不出。再讲到“庙”。庙是有屋子，而屋子里面有菩萨的。庙有个庙祝，土名叫做“庙老”，是个老头子，服侍菩萨，招扶香灯。庙多少有庙田，也有无田的庙。有庙田的，庙老吃庙田的租，无庙田的，庙老伙食从群众中捐钱谷。庙有城隍庙、关帝庙、三官庙、三圣宫、赖老庙、龙

王庙、关岳庙、杨公庙、东岳庙、江东庙等等。庙的性质，是所谓"有功德于民则祀之"的意思。神坛是地主需要的，社坛是农民需要的，庙是地主、农民共同需要的。庙的田产很少，租入不够香纸费及庙老用，所以不是严重剥削所在。"寺"则完全不同，它是和尚的巢穴，是剥削厉害的地方。寺产都是大地主"施"出的，施了田的大地主，叫做"施主"。大地主为什么施田地给和尚呢？因为佛教是大地主阶级利用的宗教，大地主为了"修子修孙修自己"，所以施田给和尚。五福庵、回龙寺、正觉寺、观音阁、东笔山、大悲阁、鹅湖庵、西竹山、天台山、狮子岩、三角崃、角公岩、法华庵、西华山、南阳山、梵慧寺、甘露寺、九龙山，都是城区附近的和尚寺。道士斋公的叫做"观"，则有云盖崃、大山里、川塘坑等等。观的田产的来源和剥削的状况，与寺无二样。①

这种神灵信仰长久以来伴随着寻乌农民生活，但在1949年之后，其历史轨迹发生了根本性改变。正如有学者所指出的那样，民间信仰作为封建迷信的象征成了以科学和理性为代表的现代性知识所要取代的东西，而20世纪50～70年代的政治意识形态，又使得这种取代以最激烈的形式表现出来。国家运用政治和行政权力，以政治活动为武器，以"破旧立新，移风易俗"为目标，对乡土社会实施大规模的政治、经济和社会改造，也对一切旧习俗与旧信仰进行涤除。② 但这种否定与打击并没有完全消除农民内心深处对神灵的信仰，以至于20世纪80年代国家放松对农村社会的日常监管之后，这种信仰再次复苏。之前镌印在农民心底的对神灵信仰的认同与虔诚，随着国家对农村社会日常监管的放松以及农民经济收入的增长，不断获得释放和膨胀。农民不仅恢复了对各种神灵的祭拜，而且纷纷筹资重建、扩修诸多神庙。此处附一例证加以说明：

修觉山格心堂序

修觉山格心堂，是一座历史悠久遐迩的殿宇。它创建于清朝乾隆年间，已有二百多年的历史，乃大真人蓝普照筹办建成，位于澄江萁竹斐村，东临武夷山，南附项山，远近闻名之盛景也。从此，修觉山香烟缭绕，佛法无边，普度众生，有求必应，深受五湖四海、中外人士崇高敬仰。堂有著名茶叶山果，有美丽芳香的奇花异草、青松翠竹、民间草药。佛教之目的，以

① 毛泽东：《寻乌调查》，《毛泽东文集》第1卷，北京：人民出版社，1993年，第178～180页。

② 参见吴毅：《村治变迁中的权威与秩序——20世纪川东双村的表达》，北京：中国社会科学出版社，2002年，第149页。

善为本、助人为乐，戒杀生灵，劝化众生，主张自力更生，一律平等待人。为祈保十方善男信女，物阜民康，千秋万载，祀奉香灯，各方仁人志士为重建修觉山佛堂，人力物力，捐多助寡，大力鼎助，共同建好人间乐园——格心堂。感谢后人。

伏呼吁，格心堂与天地同在，与日月共存。

谨将各善缘捐款鸿名列后。

……

对于此类民间信仰的复兴，政策研究者往往采用"社会主义初级阶段"理论予以解释，即中国社会尚未进入社会主义高级阶段，故民间的"封建迷信"仍有其存在的土壤与社会基础。对于寻乌农民而言，这种民间信仰的复兴并不意味着民间社会与政府的博弈和斗争，而是一种日常的生活实践。虽然20世纪50～70年代的反愚昧落后的斗争和意识形态否定了民间信仰在新秩序中的生存权，但是未能在农民的心理层面将其驱除，他们内心深处一直存在着对信仰的认同，在日常生活实践之中仍然相信"举头三尺有神明"。20世纪80年代之后，农民自觉参与民间信仰正是对其认同的外在表现，是一种"回归常态"的生活实践。

在寻乌农民的认知体系之中，具有超强能力的不仅包括上述庇护他们的神灵，还包括可能为他们生活带来灾难和厄运的鬼。农民不欢迎鬼，但有时避免不了与之发生关系，例如农民会将一场莫名其妙的疾病或灾难归咎于鬼，于是请来阴阳先生驱鬼，或经阴阳先生的点拨而在特定的地方烧纸钱以达到驱鬼的目的。

对于神与鬼的认知，武雅士认为这些超自然力量拥有者与现实世界的等级是相对应的。"神所穿着的是古代的官袍；其庙宇由灵界将军守护；它们惩处那些犯下对抗社会罪行的人，很容易被冒犯，也会收受贿赂；它们写报告，保留档案.并与离散的行政区域保持着相互联系。很显然，神祇是帝国官僚机构在超自然界的同行。'鬼'被供奉在家庭和庙宇之外以及房屋的后门上。它们是危险(有时候甚至是恶毒)的。人们给他们[①]供应大量的吃穿，而这些祭品在人们看来则是施舍和赏钱；显而易见，它们是被人们当做恶棍、乞丐和歹徒来看待的：'鬼'是超自然界中粗鄙、危险的陌生者。"[②]

① 原文如此，按上下文一致原则应为"它们"。

② 武雅士：《中国社会中的宗教与仪式》，彭泽安、邵铁峰译，南京：江苏人民出版社，2014年，第8页。

(二)祖先崇拜

20世纪40年代，著名人类学家许烺光的《祖荫下：中国乡村的亲属：人格与社会流动》一书，以西南边陲喜洲镇的观察和生活体验为基础，对中国人寄居祖荫下的生活逻辑与社会心态进行了细致阐述。在研究者看来，即便是远离传统中国核心文化的喜洲镇，“这里的人们同样在祖先的恩泽和对祖先的回报之间完成生活的所有内容和意义世界的追寻”①。在寻乌农村，生活在“祖荫下”的农民正是通过对祖先的祭拜实现着与祖先的交流与交换，以此获得此生的恩泽。

1.祖先的祭拜

在寻乌，农民对祖先的祭拜通常是在宗祠内和祖坟前完成的。具体来说，宗祠又因房支不同而有异，一般在一个单姓村中，既有本姓氏的大宗祠(主要是始迁祖等)，又有各房支的分宗祠。每年元宵节、清明节、鬼节(农历七月十五)和春节，都会在宗祠内举行祭祖仪式。祭祖前，平时杂乱无章的祠堂会被打扫得干干净净，族人会烧上香，点上蜡烛，摆上供奉祖先的水果和肉类，清明时节甚至要请仪仗队。按照习俗，只有本族的男丁才有资格参与扫墓。

祭祖分为小祭和大祭。小祭是本族人以家庭为单位自行到祠堂进行拜祭，祭拜的场域是祠堂这一公共空间。大祭则是有组织的祭祖，通常本族男性都会参加。举行大型祭祖活动时，周边的同族人甚至外省、外县的族人亦会派代表参加。这种大规模的祭祖活动因为耗费甚大，加之组织成本过高，往往是隔若干年才组织一次。在寻乌县龙廷乡大田村，梅氏家族不仅是村内第一大族，而且是龙廷乡第一望族，整个龙廷乡的梅姓人都根出此族。2005年，大田村梅氏家族举行了一次声势浩大的祭祖仪式，不仅本乡的梅姓族人参与其中，而且外省、外县的梅姓族人亦派代表前来参与。祭祖的仪式烦琐而复杂，可概述为如下四项：

第一项：外来的客人放鞭炮。

第二项：摆上祭品，理事会会长讲话，各地方代表讲话。

第三项：祭拜祖先。

第四项：聚餐(整个仪式共办有20余桌，既宴请远道而来的客人，本村各房亦派代表入席就餐，只是大小房支的代表数量略有差异)。

对于绝大多数家族而言，举办此类声势浩大的祭祖仪式不是一件易事，因此皆是相隔数年甚至十余年才举办一次，举办者通常是族中有一定威望的贤能

① 郭亮：《走出祖荫：赣南村治模式研究》，济南：山东人民出版社，2009年，第2页。

者。例如大田村梅氏家族的祭祖活动就是村中退休教师梅继芳老人推动的，笔者在寻乌调研时，许多村民坦言，如果没有梅继芳这类积极分子的推动和张罗，此类大型祭祀活动是不可能完成的，但担忧这类积极分子越来越少，集体性祭祖活动能够延续多久？村民们的这种担忧并非毫无依据，就大田村而言，近年来部分村民搬离宗族所在的围屋，在邻近公路处修建新房后，许多村民便不再到宗祠祭祖，而是在自己家堂屋设立一个祖先牌位，每年春节时在家祭拜。这种祭祀方式的转变具有重要象征意义，使得祭祖由一项公共性事件蜕变为一项家庭性事件。

2.风水

寻乌农民的阳宅、阴宅修建都极其讲求地理风水，从选址到建造都要按照风水显示的设计行事。在寻乌农民的认知体系中，一块好的风水地能够使子孙后代人丁兴旺、仕途亨通，宗祠或祖坟的风水好，祖先则能庇护子孙后代添丁发迹。在寻乌调查期间，一位黄姓村民一直感慨其堂叔家房屋的风水好。在当地的风水先生看来，他家正前方的山构成了“笔架山”的风水，凡风水上阴宅、明堂前面有笔架山者，“主出状元才子”，而他堂叔的三个儿子则都应验考上了大学。风水有好有坏，好的风水之地也可能受其他原因影响而被破坏。

二、宗族的复兴与衰落

对于中国宗族制度的研究，弗里德曼的工作是卓有成效的。他质疑埃文思-普里查德提出的“平均主义是无国家社会赖以生存的基础”，解释了“为什么不平均的制度反倒成为中国宗族发展的基础”，并认为“宗族内部权力集中在少数人手中，有利于把宗族成员汇聚成一个团体，使宗族不受强大邻族的侵害，并使国家对地方的剥削减轻。宗族内部的权力分化，使富人和绅士可以充分发挥他们的政治经济保护作用，穷人则可以发挥他们的武力”。[①] 弗里德曼在此显然承接了功能主义理论的分析视角，强调宗族内在的分工使得这一组织形态契合了地方社会的结构。不仅如此，弗里德曼还指出，西南边陲地区有利于宗族组织的发育。黄志繁对赣南地域社会的研究表明，闽粤赣湘边区历来地方动乱比较频繁，导致这种状况的原因在于生存压力比较大，山区的地形也利于“贼”的活动，加之远离中央，处于中央政治的边缘，国家的控制比较弱。宋明之后，中央政权加强了对地方社会的控制，一方面建立了正式的行政区划，另一方面大

① 王铭铭：《社会人类学与中国研究》，北京：生活·读书·新知三联书店，1997年，第75～76页。

规模地利用地方社会的大族，特别是在王阳明等人的倡导下，有志扶植地方的宗族组织，从而形成了具有南方特征的宗族组织。宗族的存在不仅在于中央政府的扶持，而且契合了应对社会动乱的需要。[①] 在寻乌，宗族组织的形成与发育，与上述历程基本同构，在这一节中，笔者将重点探讨寻乌农村宗族的复兴与衰落。

（一）族产与认同

宗族的形成、拓展与维系是与族产分不开的，族产是宗族组织存在与发展的经济基础。在寻乌，族产主要包括宗祠和族田两大类。宗祠不但是宗族成员缅怀祖先、期望先辈庇护宗族繁荣昌盛的地方，也是宗族成员举行集体活动、处理公共事务的场所。如果说宗祠仅仅为族人提供了一个"象征仪式"的公共空间，那么族田则成了支撑所有象征仪式得以实践的经济基础。毛泽东在寻乌调查时曾发现，族田在寻乌农村广泛存在：

> 寻乌公田多，成了各区普遍现象。各种公会多得很，祠堂里的公会如什么"公"什么"公"，差不多凡属死人，只要是有"后"的，而他的后又是有钱的，他的所谓后者必定从他们的家产中各家抽出一份替他立个公。这种凑份子立公的办法是什么姓都普遍采用的。凑成的份子一概是田地，不用现钱。再则那什么公还在时，他自己就留出田产立起公来，这一种比前一种更多。[②]

这种"公堂经济"存在的原因是多重的：一方面，"公堂经济"确保了祖先祭祀的延续性，即保障祭祖的物质供给，防止了群体行为中的"搭便车"；另一方面，"公堂经济"能够使族群内部形成一种强有力的认同感和依赖感，进而推动宗族的强盛。从个人的利益考虑，"活着祖宗"也愿意将自己的部分田产划出来作为公田。对此，毛泽东亦有论述：

> 当那个祖宗还没有死，把家产分拆给儿子们的时候，为了怕他的子孙日后把分得的一点田产变卖了弄得没有饭吃，就从田产中挖出一部分不分，作为公田，永不变卖。一面有了他死后的祭费，一面呢，他的穷困的子孙便得了周济了，这叫做"留出后路"。他的子孙也很赞成这种办法，因为这就是为自己留出后路。凡那祖宗生前没有立起会的，祖宗死后，子孙们只要稍为富裕也必定为他立会，出名叫做祀祖，其实是为了自己。所以轮

① 黄志繁：《"贼""民"之间：12—18世纪赣南地域社会》，北京：生活·读书·新知三联书店，2006年。

② 毛泽东：《寻乌调查》，《毛泽东文集》第1卷，北京：人民出版社，1993年，第176页。

流收租名则是轮流替祖宗收租，实则是轮流替自己收租。[①]

宗族内部有一个"差序格局"的结构，站在圈层向内看都是"自己人"，向外看则都是"外人"，即便是同村同族人，也可能因房支不同而"内外有别"。因此，除了总祠有族田之外，各个分祠亦有自己的族田。解放前，龙廷乡大田村内，除了梅氏总祠拥有 100 余担的公堂田外，其余各个房支亦有自己的公堂田。村中老人回忆，1949 年之前，大田村的公堂田占了整个村庄耕地面积的 70%，而这些公堂田的田租（即农田收入）一半是用于祖先的各种祭祀：

> 我们始迁祖的公堂田有 100 余担，这些田租主要是用来祭祖了。祭祖包括两大类：第一类是墓祭，也就是扫墓。每年冬至，族长就命人买用于祭祖的祭品，打扫好祠堂和墓地。这一天也会办酒席，请人来吃酒，但不是任何人都能参加，只有族中 60 岁以上的老人和有文化的人，像初小、高小毕业的，才有资格参加。第二类是家祭，也就是在祠堂里祭拜祖先。每年正月十六举行家祭，也只有 60 岁以上的老人和有文化的人才能参加，参加的人都会吃酒席，可以吃到平时吃不到的肉。如果在办上述仪式时钱不够了，各个房支就要出钱，供总祠的开销。总祠有"公堂田"，各个分房也有自己的"公堂田"。比如我们上新屋（自然村）当时是四弟兄迁过来的，其中三个祖公都有公堂，只有人丁单薄的一个祖公没有公堂田，现在这个祖公的房支只剩下一个男丁了。

向笔者讲述的这位 20 世纪 40 年代初出生的老人是梅氏上新屋莲方公一支的后人，他说，从他记事起，他们房支的公堂田是由一位名为梅银联的族人在管理。梅银联将收上来的公堂田田租，一部分拿来做家祭，一部分用来分肉，还有一部分用来支持族中有资质的男丁读书。这位老人回忆，莲方公族人最后一次"收公堂"约在 1948 年那一次做家祭，"布置得非常讲究"，办了一场声势浩大的酒席，共计二三十台，几乎家家户户都有男丁参加。这次做家祭还"分了猪肉"，但不是家家都有，只有读书（初小、高小及以上）人家有，因为这些人读了书，为族人争了光。宗祠利用"公堂经济"分肉的习俗不仅见于龙廷乡梅氏，在整个解放前的寻乌都极为常见，毛泽东在《寻乌调查》中对此专门详述：

> 当那过年过节时候从祠堂里分谷分肉。男子都有分，女子没有分（有些族上寡妇有分），每人分得几斗谷、几斤肉。这种谷叫"红丁谷"。肉有四

① 毛泽东：《寻乌调查》，《毛泽东文集》第 1 卷，北京：人民出版社，1993 年，第 177～178 页。

个项目：一是“胙肉”，从前是秀才、举人有功名的人分的，后头加上“毕业生”。二是“房股肉”，每房一份。三是“老人肉”，七十以上的人每人一份。四是“丁肉”，每个男子一份。分的次序：先分胙肉，次老人肉，因为这两种人是可贵重的，每人大概分一斤。次房股肉，每股十斤八斤的有，十多二十斤的也有，整的分出去，再零分与房众。为什么要分房股肉呢？这是一种斗争，房下人少的要分房股肉，房下人多的反对分房股肉，主张分丁肉。但结果各地多半是照了人数少的房份的意见分了房股肉。为什么少数对多数胜利呢？因为这种公的产业，原是各房都有平均的权利的。次分丁肉，不是每个公都有分，多数公是没有丁肉分的，这是因为公款不多，或是人太多了的原故。有少数公堂谷肉不是平分而是轮分，名义叫做“轮收”，又叫“管头”，轮流替祖宗收租的意思。租收了，每年开支一小部分在祖宗的祭祀上，大部分落在管头的荷包里……[①]

除了祭祖和福利发放之外（如发放谷肉等），办学和资助族人亦是宗族公堂收入的重要支出。龙廷梅氏宗族莲方公房支的梅芳林便是在房支“公堂经济”的资助下读书，最终在广州一所大学完成学业。

虽然不同的乡镇、村落、族姓与房支之间，“公堂经济”的收入分配与支出有所差异，但总体而言，这种分配与支出体现出明显的“道德经济学”[②]色彩。祖先不仅孕育了后人，而且庇护着后人，因此无论是基于道德伦理，还是交换回报，对祖先进行祭祀都合乎道德之准则。福利发送以及资助族人求学，虽然并不是惠及所有的族人，但是它的标准却是所有族人都认同的，是存在于农村社会并获得人们认可的“小传统”。在农村的“小传统”中，老人与有学识的读书人是受尊重与敬仰的对象，这亦构成了传统乡土社会“差序格局”结构的一个基本面向。“差序格局”不仅包括横向的、弹性的“内外有别”的序列差异，还包括纵向的、刚性的尊卑有别的等级不同。在不同的等级、尊卑序列之中，农民对各自的福利预期是不同的。对此，迈克尔·沃茨亦有同感。他在《沉默的暴力》中考察了尼日利亚北部豪萨人的粮食与粮荒问题，认为集体生存所需的道德准则和习俗渗透在农民的生活世界中，但他看到这一点时毫无感伤之情：

道德经济学并非特别合乎道德，哈里发统治的地方当然不是卢梭关于农民福利和慈善的庇护人的世界。不如说，道德经济学对统治者和被统治

① 毛泽东：《寻乌调查》，《毛泽东文集》第1卷，北京：人民出版社，1993年，第177页。

② ［英］E. P. 汤普森：《共有的习惯：18世纪英国的平民文化》，沈汉、王加丰译，上海：上海人民出版社，2019年，第64页。

者的生存都是必要的，是占统治地位的权力集团为了维护和再生存充满剥削关系和阶级斗争的社会生产关系而付出的代价。[①]

确实如此，"公堂经济"的分配虽然并未依据平均主义，但切合了农民的公平观，在分配的过程中偏重农民认为值得尊重者。这种制度的设计同时鼓动、推动着族群，例如公堂经济分配中对有文化者的尊重，无形之中鼓舞了族群中的好学之风。不仅如此，"公堂经济"在普遍福利（各家都可能有老人）与特殊福利（有文化人）相结合的过程中，亦强化了所有族人对族群的认同，使整个宗族有成为一个共同体的可能。

与全国所有农村宗族一样，寻乌宗族的族田和祠堂等族产亦在解放后被没收。族田在1950年的"土改"中基本被没收一空。统计资料显示，"土改"前寻乌农村的公堂田共计有耕地7.2万亩，占全县耕地总面积的36.78%；"土改"后，公堂田仅剩耕地0.32万亩，占总耕地面积的1.6%。[②] 没收后的族田被分配给贫雇农，祠堂亦收归集体，用作小学教室、大队或村委会的办公场所。

20世纪80年代分田到户之后，虽然宗祠再度还原成宗族的公共空间，但由于年久失修，已经破败不堪，只有为数不多的家族或是依托族中在外经商发达者捐赠，或是族中成员筹集资金对祠堂进行重建或修整。近年来，随着社会主义新农村建设，寻乌的各试点村庄便借助这一新农村建设的试点经费来修整宗祠。例如澄江镇的北亭村，作为县新农村建设的示范点，其村庄整治的一个重点便是对四个屋场的祠堂进行修葺和整修。20世纪80年代的分田到户改革中，耕地一般是分田到户之初便全都平均分配给各家农户，但分配山地资源时，许多村庄为祠堂留有一定的"公堂山"。这种"公堂山"多存在于单姓的村小组，他们以小组集体的名义留出大小不等的山地，然后将这些山地租给村民种植开发，每年收取租金用于宗祠维修与维护。澄江镇北亭村的上新屋便有一块20余庙的"公堂田"，村小组将这片山林分别承包给三家农户，每年收取600元左右的租金，用于宗祠的修葺以及祭祖。虽然存在公堂山，但这些收入只能维系最基本的祖先供祭，若需要大修总祠，仍需要族人捐筹。兹列举留车镇雁洋村邝氏家族宗祠修葺时的捐筹记录：

---

① ［英］转引自E. P. 汤普森：《共有的习惯：18世纪英国的平民文化》，沈汉、王加丰译，上海：上海人民出版社，2019年，第408～409页。

② 王达观主编，江西省寻乌县志编纂委员会编：《寻乌县志》，北京：新华出版社，1996年，第78页。

前 言

达公上祠堂始建于清朝，经历了数百年历史，周折数次维修，祠貌仍萎靡不振。下厅完全倒塌，上厅百孔千疮，如不重修，即将全面倒塌。身为达公后裔，实感愧对列祖列宗。一个家族的繁荣与衰败与宗祠的外貌完毁和内涵丰薄是息息相关的，破烂不堪的宗祠与当今的村容村貌和而不谐。

为此成立重修达公上祠堂理事会，各房后裔踊跃集资，积极捐款，共集资鸿丁款6430元，个人捐款39730元，以作重修经费。

钱财虽可贵，留名价更高，代代子孙见，芳名与祠存。为褒扬捐资贡献较大的宗亲，拟捐款50元以上者，特刻此碑纪念，流芳千古，用志功德。

达公后裔个人捐款芳名(单位:元)

……

后 语

达公上祠堂，鹅峰独秀，地益钟灵，如此名门望族，人文蔚起，闻名于世，念及老祖，后裔应当。

为维护祖业，在宗贤佛宝、世梅、国先、振发、振悦、邝胜、诚接、红志等大力倡导和积极运筹下，决定重修成达公上祠堂，并成立了理事会，其成员有：

顾问：……

理事：……

重修上祠堂于公元二〇〇七年农历十二月五日动工，至二〇〇八年四月全面竣工，历时120天之久。

本着保持古色古香的原状及勤俭节约的原则，重建了下厅，上厅原土木结构改造为砖木结构，铺地板，内外粉刷墙壁，重修雁洋围门，刻祖碑等。祠堂、围门面貌焕然一新，犹如新建。望后人，弘扬祖德、继往开来，今后把达公祠堂修得更加完美如新、更加雄伟壮观。

愿我宗祠同山河并寿，与日月同辉！

重修达公上祠堂理事会

二〇〇八年农历十月二十一日

(二)族谱的延续与传承

族谱是一个家族血脉传承的文字谱系，续修族谱可序昭穆，记述家族的来源、繁衍迁徙、分支和发展。对于一个家族而言，族谱的修撰意义甚大，不仅预示着本家族的昌盛，还是对族人凝聚力的一次提升。修撰族谱是一件极为烦琐的事情，需要将本族内所有的男丁依照房支、辈分的序列逐一罗列、整理。依照惯例，只有男丁才能入族谱。① 这种族谱的编撰事实上以一种极为“官方”的形式区分了“我族”与“外族”之间的边界，这种区隔客观上增强或强化了族群内部的认同。

在族谱续修过程中，各氏族成立由5～9人组成的族谱续修理事会，推举族中德高望重者担任理事长、副理事长，选择族内有一定写作能力的人担任编辑。理事会多分成联络、编修、财务、接待等组，每组3～6人。

20世纪90年代是寻乌县农村重修族谱的高潮期，至2000年，全县族谱续修的有王、古、邝、刘、陈、李、何、林、钟、凌、黄、曾、彭、谢、潘等74姓，约占全县总姓数的43.53%。曾、华两姓最早，于1992年续谱；1993～1996年，温、邝、王、潘、陈等姓续谱；1997～2000年，黄、林、钟、张等姓续谱。有的姓因人口众多，无法一姓一族谱，遂按世祖、字派为系续谱，如刘姓，留车、三标、晨光等地于1994年续谱，文峰、吉潭等地于1997年续谱。一姓多“堂名”的，则以“堂名”为系续谱，如谢姓，有三个“堂名”，“宝树堂”于1993年续谱，“东山堂”于1994年续谱，“陈留堂”于1996年续谱。全县族谱续修起止时间不一，多数氏族一年内完成，少数氏族至两年完成，如潘姓跨海（台湾）联修，彭姓与赣州、吉安两市九县联修，故修谱时间较长。族谱续修次数也不一，有的氏族才进行第二次续谱，有的氏族已进入第七次续谱。寻乌农村宗族的族谱重修都是在这一时期内完成的，这一方面是因为20世纪90年代国家逐步放松了对民间信仰的控制，从而使宗族的复兴与族谱的重修获得了政策空间；另一方面是因为经过整个20世纪80年代农村经济的发展，农民的收入获得了大幅度的提升，从而使寻乌宗族的发展获得了相应的经济支持。正是上述两者的相互影响与交错，推动了20世纪90年代寻乌农村重修族谱达到高潮。

续谱经费主要是依据氏族户数，确定印谱数量，加上外出联络、接待、执事人员工资等，由氏族理事会造出总预算，然后决定筹款方法、缴款时限等。寻乌县大多数氏族以每鸿丁收20元，一子顶两房加收一倍，女性上了族谱的收10元，不足部分采取捐款的办法解决。也有少数氏族，由一人承担整个氏族族谱续修费用。寻乌县各氏族续谱总经费大体分为三等：氏族人口多的达15万～20万元，中等人

① 也有极个别的特例，如一个女丁考上一所知名大学，族中长者商议后决定破例将他们族中第一个大学生上族谱，以示荣耀。

口的8万～14万元,人口较少的2万～7万元。

族谱是一族之牒,旨在纵以追本溯源,发祥绵延流长;横以联系睦族,增强家族团结,继承和发扬家族的彪炳历史,教育嗣孙后裔振兴家族。各氏族在续谱中大体设溯祖源流、祖坟祖宇、族规家训、谱牒创续、族中人镜、翰苑流芳、世系图表等篇章,具体内容有总谱、房谱,编者的话、修谱记事、修谱执事鸿名,新编派行与历史修谱派行,原始受姓来历,列祖肖像图、宗祠屋宇图、地舆坟茔图,历次修谱旧事录、历次修谱序传录等。由于族谱文本的写作通常是在溯源整个家族历史的基础上,罗列族中所有男丁的名字,以示在祖先庇护下子孙兴旺,因此几乎所有的族谱都将自己家族的历史与国家历史相联系,与国家的发展历史相结合。例如,北亭村黄氏家族隶属的安远县井公房万荣公世系资公房家支1993年第五次修族谱时,即撰如下文字:

> 溯我黄氏渊源,自中华民族有史记载四千六百多年历史始,我黄氏血缘就融入其中,与中华民族同诞生、同成长、同壮大。祖德流芳、绵绵世泽长。我黄氏自封国为姓始。元始祖陆终公传至峭山公繁衍了一百一十九代矣。继继绳绳,世代绵长。尊峭山公为始祖传至现在纂修宗谱之时,亦有四十余代。此次参与联修宗谱的有峭山公位下荀、洋、化、瞿、井等五大房系。……经过几代儿孙励志奋发,家业鼎盛,树大必分枝,人多家大要分居。……祖德流芳、绵绵世泽长。愿我黄氏子孙择居各地生根开花结果,繁荣昌盛,人才辈出,光宗耀祖,世代流芳。

族谱开篇的"宏大叙事"总免不了对本家族"光辉历史"进行数列,这种叙事的客观效果便是增加本族人的自豪感,进而增进本宗族的内在凝聚力。当宗族经过几十年的繁衍之后,规模效益必然会使认同感降低,续族谱则是一个重要的仪式过程,以此重新加强家族的认同和整合。因为经过若干年的繁衍,当族中长者去世后,连接不同房支系的纽带便消解了。

(三)辈分与等级

宗族制度具体有三种体现:一是辈分,二是用族谱明确辈分关系,三是按照辈分确定个人在宗族中的地位以及权利和义务。在宗族内部,辈分与等级是"自己人"的阶序结构,它的形成源自乡村社会的人伦道德,而这人伦道德是以明显的等级观为基础的,即"君君、臣臣、父父、子子"。每一个角色都有特定的规范,就宗族内部而言,长辈要懂得做长辈,晚辈要懂得做晚辈。不仅如此,传统乡土社会的"安土重迁"特性也要求身处其中的民众保持此一行为格局,因为只有在此种行为格局之中,教化的权力才能维持一个稳定的结构。在这种社会之中,“每一个年长的人都握有强制年幼的人的教化权力:‘出则悌’,逢着年长的人都得恭敬、顺服于这种权力”[①]。

宗族内的辈分与等级是依照族序形成的。在传统时期,男丁起名必须按照族序,因而在正常情况下,只要听其名字便知道其在本族的辈分。“文化大革命”之后,按照族序给孩子起名的传统逐渐被民众抛弃,即便如此,成年人也知道自己的辈分。

在家族中区分出等级与长幼,同时赋予不同的角色层级以一定的规范,这是维系宗族组织内部认同感及确定其存在的重要纽带。与这种辈分和等级相关联,每一个宗族都拥有类似的族规。

族规

一、父母,世称“天地”。对父母尽孝顺,乃是世人之“天职”。史书有载,香公七岁失母,侍父至孝。冬则以身暖被,夏则摇扇凉枕,名列二十四孝之一,历称“天下无双”。父母有不是之初,儿女也不指责;年迈,生活无力自理,儿媳应专心照料,使之安度晚年。做到前有孝子,后多贤孙。

二、见年老长辈,应以礼貌相待,不得歧视,对幼小、残弱,应爱护扶持,不能恃强凌弱。

从这份族规可以看到宗族对族员角色的期待,以及族规对族员行为的形塑。其中既有等级之中的长幼关系,又有横向的夫妻关系,族规作为一种社会规范网,规范着族人的行为。这种长幼有序的规范使得实践场域成为一种相对稳定的空间,村民在村庄(宗族)社会中完成自己生命价值的生产,但最近30年这一基础在不断发生消解。正如有研究者所指出的,20世纪90年代后期,市场化的因素全面而深入地渗透进乡村,迅速且猛烈地改变了原先的社会结构和文化价值系统。在此期间,中国农村整体上解决了温饱问题,大量剩余劳动力流向城市,“半耕半农”成为大多数农村家庭的经济结构,农民日常收入大部分来自第二、三产业,人口的大规模流动使得农民与外部世界紧密联系在了一起,村庄社区的边界不再是人们的生活边界。[②] 就寻乌农村而言,学者的这种归纳与总结虽然不算错,但其更加切合南半县如龙廷乡之类果业发展不成熟的乡村。在这些乡村,传统种植业的低收益使得农民更愿意走出村庄,到广东、福建从事

① 费孝通著,刘豪兴编:《乡土中国》,上海:上海人民出版社,2013年,第63页。

② 参见董磊明:《宋村的调解:巨变时代的权威与秩序》,北京:法律出版社,2008年,第162页。

第二、三产业。大部分村民外出后，在城市受到现代性的浸染，对村社内价值的认同度越来越低，对于宗族内的等级与辈分观念也愈来愈淡薄。在寻乌北半县，由于果业发展成熟，果业的高利润留住了村庄中绝大部分的中青年劳动力进行果树种植或从事与之相关的经营业，进而使村庄传统有了传承载体。2010年，笔者在北半县澄江镇北亭村和南半县龙廷乡大田村驻村调研时，一个最为直观的感受便是北亭村的辈分观念强，族中的晚辈见到长辈一定会打招呼，而大田村的辈分观念弱，晚辈见到长辈基本不再打招呼。同样是族中的长者带着笔者走乡串户，在北亭村，村中嬉闹的孩童见到向导都一口一个“大爷”“老爷”；而在大田村，孩童见到路过的长者就如同见到陌生人，不吭声，继续他们的玩耍。从这些细节足以见出地方经济发展与族内认同的复杂关系，并不是经济越发达或越落后，族内的认同便会加强或削弱，其中的重要因素是村庄边界的稳定性，以及村民能否在村庄中获得价值生产，或者说村庄的传统能否获得村庄主体的认同，并在村民生活之中得以延续。

三、仪式与共同体认同

仪式一直是人类学研究初民社会的重点之一，因为它彰显的不仅是地方文化，同时其实践亦是对地方秩序的再生产。正是由于仪式实践在地方秩序中的重要作用，通过仪式实践来透视地方秩序的生成便成为学术界研究的热点。在这一节中，笔者将介绍寻乌村民日常生活中的各种仪式，在把握仪式文化内涵的基础上探讨仪式对于村庄秩序以及共同体认同的影响。

(一)节庆仪式

寻乌主要有11个重要节庆，分别是春节、正月半、春社日、清明节、立夏节、五月节、尝新节、七月半、大清明节、中秋节、重阳节。

1.春节

春节，是寻乌客家人最隆重热闹的节日，俗称“过年”。为了过好年，秋收后不久，家家户户就开始置办年料，用大米做米干、腊子骨；进入腊月，陆续制作各种佳肴、小吃、点心。腊月二十五日入年假(又称“过小年”)，焚香敬祖，敬灶神，举办小型家宴。外出妇女必须在这一天回到夫家，长期外出的人最好也在这一天回到家。从这天早晨起，各人自动归还一年中所借的钱物，一般不再到别人家里催取。

大年三十过大年。上午，迟大公鸡(寻乌人不说杀鸡)祀神敬祖。先在祠堂祖位前或自家中厅祖位前割活鸡，把鸡血淋在香案前预先摆好的纸钱上，俗称“打生”；熬好鸡汤后，再进行第二次全鸡敬祖，称“宣熟”。敬完祖后，有的人要敬大神，有的人还要在屋坪设香案，朝着北方祭拜，意思是祭祀尚留在中原祖居地的先祖英灵。中午喝鸡汤，煮黄粄。吃年夜饭前，人人都要洗澡，寻乌俗谚云：“过年不洗身，下世转牛身。”洗毕，全家人换上新衣帽、新鞋袜，意为“除旧换新，大吉大利”。吃完团圆饭，家长给小孩发压岁钱。晚上，在中厅祖位前、灶上、房间里点长明灯，此谓“播年光”。运交子时，在大门口燃放鞭炮，称“开门”“接财神”。

正月初一吃素食敬祖，早饭后贴门神、春联。初二过新年，敬祖祀神，设家宴。从这天起到正月十五，家家相互设宴请客，此谓“请新年酒”。有的乡村还有请“春酒”的习俗，初二发帖，初四开宴。初一、初二不能扫地，俗称会扫光财神。初三早上，家家大扫除，将爆竹屑、花生壳等垃圾一并扫出，倒在距离房屋较远的路边，在垃圾堆上点三炷香，放鞭炮，俗称“送穷鬼”。初四开始走亲戚，舞龙舞狮活动也从这天开始，一直到正月十五。

2.正月半

正月半，即农历正月十五，又称“元宵节”。这天要祭祖祀神，吃糯米汤圆，晚上设家宴。饭后，闹花灯，舞龙灯，观烧花。燃烧的“花”是一种纸扎工艺品，点火后一层一层往下掉，有八仙过海、姜太公钓鱼、薛仁贵征东等神话及历史人物故事。

3.春社日

春社日，即农历二月初二。在这一日，寻乌农村以村民小组或屋场为单位，由几个人为头，到各家各户收米、豆、款，然后具备三牲，祭拜社官神坛，以保平安、五谷丰登。中午时各户派一人吃餐饭，也有分猪肉到户的习俗。

4.清明节

在清明节这一天，寻乌家家户户会上坟扫墓，手拿镰刀、肩扛锄头去整理坟茔，并带上公鸡、酒肉，点燃香纸、蜡烛，放鞭炮敬祖先，以示追思和悼念。机关、团体、学校人员列队前往烈士陵园敬献花圈，缅怀先烈。进入20世纪90年代中期，联宗祭祖在全县各地陆续出现，一些宗族请吹鼓手，吹吹打打，成群结队到祖先墓前，烧香、点烛、宰猪、杀羊、放鞭炮、奏乐，行叩头跪拜大礼。祭祀完毕，以地为席，饱吃一餐。经费开支以户或人丁摊派。

5.立夏节

立夏节气日，俗称“过夏”。这一日，家家踏苎叶粄，磨灰水粄、白豆腐，煮猪肉、蛋。有的乡村还有焖狗肉、炖鸡肉、吃补品的习俗，叫作“补夏”。寻乌俗谚云：“过夏唔食蛋，上坎跌下坎”；“过夏唔食板，饿得颈筋吊颈板”；“过夏唔食腥，饿甚颈梆梆”。

6.五月节

五月节，即农历五月初五，又称“端午节”。这一日，除磨豆腐、煮鱼肉、设家宴外，还吃粽子，喝雄黄酒，家家门顶插菖蒲、艾枝，挂上青葛藤，“插青驱邪”。有的妇女还用青蒿煮水给小孩洗澡，据说能够“避邪祛病”。午饭后，妇女们采集枫树、大青叶、苍子树等药性植物的枝叶，煮水洗澡，以驱寒湿、解热毒。

7.尝新节

尝新节，即六月初六，俗称“六六节”。农家辛苦半年，早稻开镰收割，买点猪肉、鱼、酒，煮新米，全家人吃上一餐，以示“尝新”。

8.七月半

七月半，即农历七月十四或十五（各地区、族群因风俗有异而时间不同），又称“中元节”“鬼节”。在这一天，寻乌人以三牲为食，庆上季丰收，祝下季取得更大丰收。有的地方祭祀祖先，怀念亡灵，还有的耕田人家拿着供品到田坎敬伯公、社官。寻乌客家人的“鬼节”习俗与周边市县有所不同，除祭祖祀神外，最主要的是吊祭孤坟野鬼，即在村外孤坟荒冢前或荒野路边焚香点烛，摆熟全鸭祭鬼。有的人还用缺口碗装上米饭、煎蛋倒扣在路边，称为“送鬼子”。“鬼节”习俗其实就是给形形色色的鬼一种慰藉，叫它们安心在阴间各寻其乐，不要到阳间找替身。

9.大清明节

大清明节，在农历八月初一。这一日，对寿终正寝已过三年的亲人进行第二次安葬，俗称“捡骨葬”或“捡金葬”。骨师将大葬棺材内的骨骸用草纸拭净，拔掉牙齿，去掉毛发，抹上木梓油，按活人骨骼顺序摆放在特制的陶罐里，安葬在事先建好的正式坟茔内，或寄放原处，待正式坟茔造好后再移葬。这一日也有扫墓祭祖的习俗。

10.中秋节

中秋节，在农历八月十五。这一日，祭祖祀神，家家户户互赠月光糕。晚上吃完团圆宴后，全家赏月吃月光糕，小孩听老人讲玉兔、吴刚、嫦娥仙子的故事。妇女有请月光姑（嫦娥仙子）的风俗。

11.重阳节

重阳节，在农历九月九日。这一日，文人雅士登高、插茱萸、饮菊花酒、吟和赋诗。除祭祖祀神外，有的人还会上山砍柴、狩猎、挖草药、采野果，借以避邪祛难；以舂米粉做油炸粄子、打糍粑、磨豆腐，杀鸡杀鸭较少。当地至今还流传着"九月重阳十月朝，糍粑粄子箩箩烧"的说法。

"啖糠啜蔌六月荒，毋忘祖前三炷香。"不管多么颠沛流离、饥寒交迫，每逢节庆日，寻乌客家人首选大事就是敬祖，体现出浓厚的崇祖意识。

（二）生命仪式

1.生育仪式

生儿育女在寻乌农村是件大喜事。在寻乌，婴儿在出生后第三天洗澡，俗称"洗三朝"，还要赠给邻居小孩鸡蛋之类的东西，以示家里添了人丁。婴儿出生后的3～5天，家人到女方娘家报喜，称"报姜酒"，需要带上鱼、肉、酒等物；娘家在半个月内，到女儿家看望，称"送姜酒"，需要带上大公鸡、鸡蛋、生姜、白糖、糯米酒等。待婴儿满一个月，通常会做"满月酒"，寻乌民间至今有做满月酒的习俗，并有一条不成文的规定："不贺不请"，即满月内未送礼来贺者不请。做满月酒时先备三牲敬祖，贴"名单"，发"命名饼"，然后待到午时客人入席。县内90%以上的家庭在婴儿满月时都会有"开荤"的习俗，即在正厅另设一桌，摆上一碗凉开水以及全鸡、全鱼、肉、葱、蒜等，然后请长辈抱着小孩，用筷子先点物，再点到小孩嘴上，点一物，念一句："清汤漱口，寿年活到九十九"；"吃鸡头，当英雄"；"吃鸡爪，早早登科"；"吃葱蒜，会划会算"；"食鱼、食肉，食不尽人间俸禄"。旧时生男才做满月酒，进入当代社会，重男轻女现象有所改善，生男生女都会做满月酒。

2.庆寿仪式

1912年以前，寻乌县内庆寿之风盛行。小孩出生"做洗裹酒"，亲友前去道贺，俗称"睄生"。生男孩的要吃红蛋，要"打满碗"[弄好一碗米粉或面条，上盖三块红烧猪肉，外带两个"红蛋"（用染料染成红色的熟鸡蛋），馈赠街坊邻居或全村每家一碗]。弥月之喜，俗称"做满月酒"。周岁生辰，俗称"担盐""做过周酒""做对岁"。而后，小孩每年过生日，家长多会另外蒸煮两个鸡蛋给小孩吃。也有少数人会在四十岁、五十岁过生日，但只邀请儿女或娘家人团聚。年至六十、七十、八十、九十的老人，儿女一般会提前为其做寿，举行家宴，寿筵分两餐：头天中午一餐，俗称"暖寿酒"；正日中午一餐是"拜寿酒"，寿宴用饭必备面条。

3.婚庆礼仪

旧时，寻乌客家青年男女没有婚姻自由权，完全受父母之命、媒妁之言，婚嫁要经过七项仪程、五次送礼才算完成。

婚嫁的七项仪程为:①提亲。男方家人请媒人向女方提亲。②行庚,俗称“合八字”。测算双方生辰八字是否相合。③行定礼。男方给女方送第一次礼,有定礼钱、稻谷、鱼肉,并办酒席招待女方全家及亲属,给每一个人发红包。双方商定彩礼的数量。④行聘。男方给女方送彩礼,有聘金、衣衫、布匹、酒米等。⑤报日子。男方备礼持报日帖,告知女方归门日期、到达时间。⑥过鱼肉。男方给女方送第四次礼。在新娘归门前,女方家人、亲属到男方家领取父母操办嫁女筵席所需的鱼肉。⑦迎娘归门。新娘归门前一天下午(路程远的)或当天早晨(路程近的),男方抬着花轿、扛盒去迎娶新娘,随行的有媒人、吹鼓手。扛盒的有两三个,扛盒里有新娘行嫁的新衣裤、鞋袜、红蛋、糕点、糖果等,还有男方送给女方父母的桌席、奉祖祭品。女方亲属桌席(每桌一条鱼、一块猪肉)用两根或多根长竹竿抬到女方家。1949 年后,这一套婚嫁程序简化为提亲—“偷看”(约定日期、地点、双方见面)—“讲玄天”(男方到女方家定亲)—“采家场”(女方到男方家了解家庭情况)—归亲五个环节。

新娘出嫁前一天,族中的姑嫂姐妹(必选所谓命好之人)要专门为新娘梳妆打扮穿衣,这就是民间所说的“插花”,这一夜又俗称“上花夜”,是新娘嫁前一项极为庄重的仪式。行此礼时,新娘往往伴以哭唱,其时新娘面临人生的重大转折,一般都十分动情。旧俗,新娘插花后要在阁中静坐哭唱至天明,此谓“五更守夜”。上花之夜,新娘悲悲啼啼,彻夜不眠,更显出一种传统婚嫁“喜亦悲”的氛围。

4.丧葬礼仪

寻乌老人去世,俗称“过身”“归仙”,安葬俗称“还山”,办丧事俗称“做丧事”。办丧事贫富悬殊,繁简不一,贫者朝死夜埋,富者大操大办。旧式丧葬礼仪一直延续到中华民国时期,通常包括入殓、报丧、盖棺、做斋、安葬、祭祀等。

(1)入殓。老人气绝时,儿孙跪床前烧纸钱,痛哭送终,备香烛、纸钱到河边焚烧哭拜,背手舀水,用布蘸水在死者脸部或身上抹三帕,谓之“买水抹尸”。接着为死者更换衣服、鞋、帽,此谓“装死”。厅堂里放置棺材,棺底放长苎线(条数以死者岁数计算),俗称“背筋线”。尸体由儿女媳妇抬放棺内,俗称“落棺”。棺木的顶头设香案,灯火昼夜不息,叫“头边灯”。

(2)报丧。老人去世后,儿孙派人向亲戚报丧,俗称“报死”。族内亲人、亲友闻讯携带香烛、纸钱到棺前烧香跪拜,俗称“吊倒头孝”,并送给丧家一些粉(米粉条)、蛋办丧事。有的丧家还给亲友发讣闻,俗称“报书”。讣闻一般会写上死亡时间、安葬日期、死者生平事迹、子孙姓名等,讲究的讣闻扉页上还印着死者的遗像。

(3)盖棺。老人去世后不在短时间内埋葬的,则会设立灵堂,选择“吉日”请和尚或道士诵经,吹鼓手奏哀乐,孝子孝孙跪在棺前向遗体告别,由抬柩伕盖棺,用四枚大钉(俗称“子孙钉”)将棺材钉严,此仪式俗称“做落寝”。几天后便埋葬的,只在出柩时盖棺。

(4)做斋。在埋葬前一天举行,请和尚或道士做“功课”并举行奠祭,俗称“做斋”。做斋分三种:第一种,“一寿斋”,即上午开始做“功课”,时间为一日一夜;第二种,“三角斋”,即下午开始至第二天天亮前;第三种,“半夜光”,即晚饭后开始至半夜。灵堂正中悬挂佛像,侧旁桌上放纸扎的灵屋,灵牌放在灵屋内。白天有和尚诵经,晚上安灵时,子孙披麻戴孝,穿草鞋,系杆索,持孝棍,此称“成服”。孝子孝孙祭奠后,族内亲人奠祭,最后是亲友奠祭,奠祭时礼教“唱礼”,指引跪拜。奠祭完后仍是诵经拜忏,直至第二天凌晨。亲友吊祭送烛锦、挽联、挽袖等。

(5)安葬。下葬那天天亮时出柩,把棺柩抬放在屋外,举行路祭。棺柩抬往坞地时,一路要丢纸钱,俗称“放路钱”,子孙、亲友、吹鼓手及擎铭旌的送葬行列只送到岔路口上便折回。孝子将灵牌捧回,送到宗祠神台上将纸写灵位烧去,俗称“送香火”,又称“上神台”。因旧时客家人盛行“二次葬”陋习,往往将埋葬三年以后的尸骨挖起,放入陶罐(俗称“筋盎”)内,另择地建坞。

(6)祭祀。清朝沿至中华民国,寻乌盛行祭祀祖宗之风,各姓、各房都有祭田。这种祭田又称“蒸尝”,大都是父母把田产分给儿子时,留存一部分作为死后祭扫费用。但也有少部分蒸尝是后人为了祭祀祖宗,凑钱买的田产,收取租谷为来年祭祀费用。中华民国时期全县蒸尝田 4.4 万亩,收租谷约 8.6 万石。清明节前后,聚族祭祀宗祠,俗称“祭祖”,或分日往各祖坞扫祭,俗称“醮地”。蒸尝有大小,祭祀牲品有丰厚,一般都会宰猪,鼓吹行礼,中午在坞地聚饮,还会按丁份分肉。60 岁以上老人及庠生以上有“功名”的人上祠、上坞,也能领到一斤或几斤肉,即“胙肉”。

祭祀分为春、秋两祭:清明节前后的“春祭”规模大,时间长;农历八月初一,俗称“大清明”,在此时祭祖、醮地的,叫作“秋祭”,但为数较少。春、秋两祭,全县宰猪万余头,花钱、耗工损失更为惊人。1943 年 10 月,寻乌县政府实施《整理公款公产办法》,将各姓自曾祖起以上之公尝祭醮田,按亩数提 60%归县、乡所有,充实乡(镇)财政,作发展教育事业之经费。化迷信浪费之钱为公益事业奖金,本属善策,但收入却被经管人员贪污了一部分,因而招致吉项小学《三日刊》

登载了谢竹铭对当时贪污情况所作的讽刺诗:"茅筛茅醮过清明,一律同归枉死城。饱死官员饿死鬼,特殊公产在赣南。"

1949年后,联宗祭祖、醮地之风已废,单家独户在清明节上坞扫墓之俗仍在流行。每逢年节,如春节、端午节,在厅堂杀鸡宰鸭、烧香点烛、供奉祖先的风俗仍在农村盛行。

1986年后,县内实行火葬和土葬两种丧葬方式。第一种,火葬。城镇居民、机关单位干部职工,死后推行火化。葬礼简便,单位送花圈,亲朋好友送挽联,俗称"鞠头布",向遗体告别,开追悼会,亲属臂戴黑纱,参会者胸戴白花。2000年前,寻乌还未建火葬场,凡火葬者需将遗体运往广东省梅县或平远县火葬场火化,带回骨灰盒,多数仍土葬,只不过是木棺材换成了骨灰盒,少数存放在县殡仪馆。第二种,土葬。在农村,人死后基本上会选择土葬,有的仍保留着做斋、请吹鼓手、请地理先生拣日子、成服等旧俗。逝后第七日,备三牲、香、纸、烛、鞭炮到坟前祭祀,俗称"祭七",以示哀悼。有讲究者,在逢"七"的这天均要敬香、焚纸,直至"七七四十九"天止。

(三)禁忌

旧时,寻乌县人的日常生活禁忌有30多种,至今仍保留的有农历正月初一忌借火种,忌讨债,忌说一切不吉利的话;七月十五日即"鬼子节",忌晚间外出,以免冲撞鬼神而遭殃;包礼物的纸,喜事忌白色,丧事忌红色;探望病人忌下午和晚间;送寿礼忌送钟(时钟),因钟与"终"谐音;出了嫁的女儿忌在娘家分娩等。此外,如建房、作灶、做坞和房前屋后动土,不宜逢"三煞"方、日、时,建房、做坞忌罗盘"绝线",嫁女不宜选"带禄"日、时,做要事不宜在"空亡"日,春节后第一次出门探亲或做事不宜在"月忌"日,初七忌外出,初八忌回家,大人小孩忌在晒有女人裤子的竹竿下经过,看望病人不宜在"逢煞"日、"退病"日,出殡不宜"三丧"与"重丧"日、时。

(四)仪式整合与共同体认同

在人类学者眼中,仪式是一整套由文化传统形塑的具有象征性和表征性的行为图式。"它可以是神圣的也可以是凡俗的活动,这种活动经常被功能性地解释为在特定群体或文化中沟通(人与神之间,人与人之间)、过渡(社会类别的、地域的、生命周期的)、强化秩序和整合社会的方式。"[①]这种功能主义的分析视角至少可以追溯到早期社会理论家涂尔干那里,在涂尔干看来,仪式(例如集

① 郭于华:《仪式与社会变迁》,北京:社会科学文献出版社,2000年,第1页。

体的欢腾)是强化集体情感的工具,既促使社区整合与团结,亦推动着社区内族群自我认同的生成。有学者对赣南客家村落的各种仪式展开系统研究后指出:"以家族为单位所举行的仪式表演不仅仅是为了凝聚家族力量,认同一体化家族的乡镇性表演体系,也是家族成员基于共同的家族利益对外协作以及相互之间政治、经济互助等社会事实的一种文化方式的演绎。"[①]

在寻乌农村,各种社会仪式实践不仅仅具有文化内涵,更为关键的是,这种仪式超越了具体的家庭,成为整个家族或社区的事情,例如丧葬仪式需要整个社区成员的参与,如此仪式的过程才能获得圆满的实践。这种集体性仪式使得即便是最为私密性的家庭生命仪式也具有超家庭性,即没有家庭之外成员的参与,仪式的表演性便无法得到充分的展现。仪式集体性的展现离不开村庄边界的相对清晰性、村庄成员的相对稳定性,当村民外出务工、劳动力流出时,村庄在社会意义和心理意义上的边界逐渐模糊化,人们对于仪式的参与热情及笃信程度亦随之降低。相反,当果业这一特色经济产业所带来的高收益将村民留在村中而不是流入城市时,它对传统农村的文化传承以及社区共同体认同具有极为重要的积极作用。人们日常生活中基于需要而进行的互助,使得彼此共同卷入村庄各种社会仪式的洪流之中,这种洪流淹没了"自己人"与"外人"的间隔,而所有成员逐渐处于"自己人"和"外人"的群体时,整个社区便构成另一个由不同节点所黏结的关系网。

① 刘晓春:《仪式与象征的秩序:一个客家村落的历史、权利与记忆》,北京:商务印书馆,2003年,第228~229页。

第二章　贫困治理:识别难题、产业脱靶与农民主体

一、精准识别的难点

在连片成块的贫困地区,村庄内农户的经济分化情况不是很严重,除了一些非常富裕的家庭和因残、因病等致贫的农户之外,大多数家庭的经济条件都差不多。除了对连片成块的贫困地区以及贫困村的精准贫困户进行识别外,还要从这些经济条件都差不多的贫困户中识别出精准贫困户来。原则上应该通过农户经济收入普查来识别精准贫困户,但是因为成本高,上述此类农户的经济收入与精确核算工作具有一定困难。为了提高识别工作的效率,许多地方按照精准贫困户识别的原则,通过程序公正的村组民主评议、政府的多次回头看以及督查等方式来保证识别的精准性,这样就出现了单一经济指标的原则性转化、硬指标的软指标化。

因病、因残致贫以及五保户是很容易识别出来的,难识别的是没有特殊情况的一般农户。要从这些经济状况都差不多的一般农户中识别出精准贫困户,就得依靠一些原则性指标。至于具体的识别工作实施细则,由各乡镇在综合市(州)、县相关文件的基础上,制定出符合本地实际情况的实施办法。笔者调查的贵州省望谟县平洞街道办的实施办法可总结为"六看法":一看房,二看粮,三看家中装备洋不洋,四看多少存款在银行,五看劳动力强不强,六看家中有没有读书郎。以上"六看法"是评估指标,每个评估指标有相应的总分值及评估标准、办法,每项指标得分求和后得出综合得分,综合得分在80分以上的为脱贫户,80分以下的为贫困户,贫困户还依照得分划为四档。

因为入户普查成本较高，所以是在村组民主评议会遴选出精准贫困户之后，补充填写精准识别"六看法"评分表，但看似指标化、统一化的识别标准在实际的识别过程中却被原则化了，进入村组民主评议的初选贫困户是依照"六看法"的原则性规定选出来的。比如看房，简单来说，如果住的是瓦房或者平房才可能进入候选；又如家庭装备指标，家中有私家车或者大型农业机械，成为一票否决的否定性指标；再如，"有没有读书郎"这项指标被转化为如果家庭中有在读的大学生则可能入选。此外，住房条件较差的、家中缺劳动力的(单亲家庭)、有多子女上高中或者大学的、因计划生育政策应该特别照顾的，在人们的直接感知中，他们的经济状况比较差，有可能被提出来，放在村组民主评议会上讨论。还有一些家庭不可能被识别为精准贫困户，比如家中有小汽车或者拖拉机的，开杂货铺或者有其他商业经营、进行了工商登记有营业执照的，家中有人在政府部门或者事业单位工作的(俗称"吃财政饭的")，有两人以上在外打工的，村干部、组干部家庭，有吸毒前科的等，这些是会在精准识别中被一票否决的。以上精准识别的原则性指标不仅本质不同，而且有些原则性指标之间还有可能存在内在冲突。单亲家庭特别是离异后仍然有子女与其一起生活的，家庭劳动力缺损，人均收入一般都比较低，此时住房条件只能说是家庭收入的间接体现，它与衣食行都是生活水平的外显，并不直接反映收入水平。

在望谟县的精准识别中，住的是平房或者瓦房是提名精准贫困户的必要条件，那些住房条件较差的农户会被提名为精准贫困户，而一些与其家庭条件差不多但恰好刚建了两层或者两层以上楼房的农户会觉得不公平。虽然说在望谟县农户的家庭经济支出结构中，改善住房条件是较为重要的支出，但因为精准识别的即时性，即精准识别依据的是农户即时的家庭经济状况，那些在识别时住房状况较差的农户有可能凭借这一因素而被识别为精准贫困户，并进行建档立卡，随后很快就建造了规模大大超过村庄一般水平的住房，从而导致事实上的误识，并让其他农户产生事实上的不公正和不公平感。

可以说，住房条件是经济发展的"晴雨表"，经济发展水平、产业结构与之紧密相关，一定的经济发展状况决定了农户整体上的住房条件。20 世纪 80 年代初期以来，望谟县农民的房子大体经历了三波翻新，每一次房屋翻新大体与经济结构调整后农户的收入增加有关。第一波是茅草房(布依族的传统民居)到土木结构的瓦房，为了最大限度地降低建房成本，大部分建材是就地取材或者自制，泥土与石灰混合代替水泥，砖和瓦都是自制，以帮工和换工的方式来实现，不雇请砖瓦匠和小工(帮工和换工是以稳固的社会关系网络内一部分青壮年劳动力不外出打工为条件的)，自家劳动力有多少用多少。第二波从90年代中后期开始，为土木结构或砖混结构主体的平、瓦房，极个别家庭会雇请砖瓦匠，大部分还是以帮工和换工的方式完成。这时有家庭开始购买水泥，但大部分还是用自制的砖和瓦(自己烧制的土砖一般都比商品砖厚，至今村寨里仍然随处可见自制土砖建设的民居。有的二层楼房，一层是用土砖建造的，二层是用商品砖建造的)。第三波是近几年开始的两层或者多层楼房，基本不用自己烧制的土砖，个别家庭经济条件较好的会雇请砖瓦匠，与第二波建房一样，大部分还是以帮工或者换工的方式进行。第一波房屋改造的经济基础得益于分田到户后，农户家庭经济收入的增加，第二波房屋改造的90年代中后期，因为种植西瓜、甘蔗等经济作物，农户家庭收入略有剩余，而第三波房屋改造的经济基础来自外出务工所得。最近几年，在改造完住房之后，一些家庭开始改建厕所，修建洗澡间，工程量较小，除了购买建材外，更加不会雇请砖瓦匠。

从这三波房屋翻建可以看出来，当地农户建房商品化程度较低。为了将建房成本降至最低，就地取材，自制建材，以换工和亲友帮工的方式解决用工问题。用于建房等的大型家庭支出少，努力改善住房条件是家庭的首要支出，这就使本来就低的家庭经济收入，在满足日常生活所需之后，剩余很少。农村危房改造项目实施以后，仅存不多的土木结构瓦房得到了政府的补助，但许多家庭在翻建房屋时还是需向信用社贷款，向亲友借款的很少，因为刚刚跨过温饱线的农户中很少有大量存款的，亲友或邻居之间平日借钱一般不超过500元。为了建房这种生活消费贷款，足见其在农户日常支出中的位置。由于现金收入机会有限，农户尽量降低日常生活中的现金支出，因而可以说房屋状况基本上反映了农户家庭收入状况。这里的问题是建房不像其他日常性支出，而是需要较长时间、较多的经济积累，精准识别时将房屋条件作为一项原则性指标，显然没有注意到建房投资的长期积累性质。

有些原则性指标实质上反映的是家庭经济收支之间的紧张，而非家庭贫困。下面将以一些多子女就学的家庭评定为贫困户为例予以说明。有多名子女就学的家庭，无论子女处在义务教育阶段还是高中、大学的非义务教育阶段，家庭经济收支紧张可能是因为有能力有条件获得收入的劳动力较少，子女就学的支出较大，因而这本质上是处于特殊阶段收支失衡而表现出来的家庭经济紧张。当然，家庭人口较多而能获得经济收入的劳动力较少，因而家庭人均收入也相对较低。问题是，用发展的眼光来看，这种家庭人均低收入状况是暂时的，且很大程度上是教育投资回报期限较长而导致收入低，随着家庭生命周期的延展，这种家庭很快就可能改善经济状况，成为殷实家庭。一般意义上，受教育程度高、学历高，可预期的经济收入也就高，特别是在望谟县这个整体受教育程度较低的地区（成年劳动力中小学或者小学肄业者居多），接受过中等教育或高等教育的，有较高的可能性在政府机关或者事业单位工作，有较为稳定的预期收入，这也是当地人近几年普遍重视子女教育的原因。村庄中的毕业大学生，基本上都在县乡政府部门和事业单位工作，这对于原初经济形态将破未破或者刚从温饱线上挣脱下来的大多数农户来说，是一份相当不错的工作。如上所述，家庭成员在政府部门工作的（村民称为“有工作的”）是精准识别中一票否决的原则性标准。

一些与贫困似乎关系不大的原则性规定并未引起多大异议，原因在于依照这些原则提名的精准扶贫户具有地方共识契合性。一些有子女就读大学或者多子女就学的家庭被评为精准贫困户，并没有引起其他村民的不满，在村庄舆论中也没有引起有关公平或不公平的讨论，原因就在于，人们认可家庭经济收支紧张是一种贫穷表现，认同知识可以改变命运，如果有子女就读高中或者大学的家庭识别为精准贫困户，就有可能得到学费优惠，而这种优惠是由公共财政承担，村民利益不会受到损害，并且村庄中这样的家庭并不多。与此同理，将独生子女户或者双女户作为精准识别户，在少数民族地区的自然村寨中完全是一种地方性人道主义政策照顾，是基于地方性共识的一种同情和体恤。因为独生子女和双女户不多，并不会引起不公正的负面影响。

家庭中拥有小汽车在识别贫困户时也是要被一票否决的，因为小汽车对贫困地区的农户来说，算得上是奢侈品了。而对有拖拉机的家庭进行一票否决，将其排除，更大程度上是应付上级检查和“回头看”的一种官僚主义做法，本质上与住房指标是一样的。笔者调查期间，就碰到过一个这样的案例。罗某，男，39岁，一家四口与母亲一起生活，育有一对子女，女儿上小学，儿子上初中。罗某因为文化水平低，又被鉴定为一级左耳失聪，与人交流不方便，从未外出打工，近几年一直是妻子独自外出打工。妻子的文化水平也低，每年最多打工半年，收入不稳定，有时可以拿回四五千元，有时更少。留守在家的罗某除了经营自家土地，还做一些零工。2014年，罗某花了1万多块买了一台三手四轮拖拉机，受制于劳力和交通条件，拖拉机并不能用于运输经营，只能作为农业经营的辅助工具。罗某家住的仍然是十多年前用自制土砖建造的一层平房，放置在堂屋的祖宗牌位用不起玻璃框，只能用红纸写。可以说，用家徒四壁来形容他家的家庭状况一点都不为过。因为家庭贫困，2013年以来，他家一直有三口人享受最低生活保障补助，但又因为其有1台拖拉机而在第二轮的精准识别中被淘汰了。乡村干部给出的淘汰理由是，在外人看来，有一台价值四五万元拖拉机的家庭，如果被认定为贫困户是难以通过检查的。至于拖拉机的用途，则不予考虑。

（一）问题一：硬指标的软指标化

单一经济指标的原则性转换，使得精准识别脱离了以经济收入评价贫困状况的标准，进而产生了误识。可以说按照住房状况以及其他一些显性的原则性指标来识别贫困户，在很大程度上已经远离了以经济收入为标准的硬性指标，只不过运用这些显性的识别指标，更有利于乡村干部避责和降低工作成本。精准识别中将单一的经济指标转化为综合性的原则性指标，是农户家庭经济不可计算性的无奈之选，也是政策执行过程中的变通做法。在精准识别过程中，基层政府也明白所谓的贫困是相对的，一定要在经济状况都差不多的农户中识别出精准贫困户，要综合多种因素。这些原则性的规定，其出发点也是考虑到能够考到的各种因素，体现识别标准的综合性。问题是，在具体的识别过程中，本应该综合运用的原则性规定，往往与一些可以一票否决的排除法具备同样的效能。在大家经济状况都差不多的情况下，这些原则性条件只要有一条符合，就有可能被提名为精准扶贫户。

在精准识别过程中运用这些原则性的规定比普查农户的经济收入操作性强，但也有可能被“灵活”运用，为人为操纵提供空间。这些原则性规定有些是农户生活水平的反映，有些与农户家庭经济收入直接相关，有些反映的是家庭成员的勤劳程度，有些是暂时家计紧张的反映，有些则是地方性共识的反映，与是否贫困关系不大。本质上，这些原则性并不属于同一类型的指标，大多是不可度量的经济指标。而且，有些原则指标如果深究起来，还有可能是经济条件比较好的表现。比如，因为预期可能获得的优惠政策，那些家庭中有子女上大学的家庭被提名为精准扶贫户，考虑到当地因经济落后而导致的较低受教育程度，恰恰是因为家庭经济条件较好才可能对子女进行较长的教育投资。也就是说，排除子女学习成绩的因素，仅从家庭经济收入角度来讲，只有家庭经济收入水平较高才能够供给子女上高中乃至大学。只不过，农户对这些家庭被评为精准扶贫户并没有多少异议，一则因为这样的家庭并不多，二是这些家庭因为有子女在上大学，家庭的现金支出压力的确较大。在群众看来，家庭经济紧张本身就是贫困，这种做法符合人们情理上对贫困乃至公正的认知。

无论是单一的经济指标还是原则性的指标，都不可能做到完全的公正、公开和精准。为了避免产生误识，以上原则性指标，只是为初选名单提供依据，最终精准贫困户的确定还要经过村民组民主评议以及多次“回头看”。

为了尽可能地做到公正和公平，村组民主评议是精准识别中的必要环节。作为一种民主程序，村民小组评议至少有三方面的好处：第一，集体决策以及民主的形式在官僚体制中是一种推卸责任的重要方式，村民小组的民主评议识别出的精准贫困户，可以避免乡村干部优亲厚友、以权谋私之嫌，并免除了误识的责任。第二，基层干部避免了嫌疑和免除了责任的同时，将责任推卸给群众。集体选出的精准贫困户，让对识别结果有异议者无话可说。第三，民主评议的形式作为一种参与的形式，也是对精准扶贫政策一种有效宣传，可以增加精准扶贫政策在群众中的知晓度。一般来说，民主评议出的精准贫困户可以保证大体上的公正。但仍然可能产生误识，就像杨改兰事件所启示我们的，精准贫困户的民主评议结果受到村组既有社会关系结构的影响。那些在村庄中处于社会关系边缘、人缘不好的贫困户，有可能被漏评。

只要有利益存在，就有可能引起矛盾和异议，如果被确定为精准贫困户，预期有许多优惠政策，可能有潜在的好处。在望谟县精准识别过程中，村民小组民主评议的基本单位是自然寨，首先在自然寨中选出一些村民代表，民主评议会时有乡村干部参加。那些户数较多的自然寨不可能每户都有代表参加，因此，群众对民主评议的结构还可能有异议，村组民主评议的结果并不是最终结果，还要经过多次公示和“回头看”。在公示期内仍然有农户对识别结果有意见，有人直接到基层政府相关部门反映，特别是熟人社会的自然寨中，各家各户的情况大家都相互清楚，有些农户对精准识别的原则性规定理解不充分，对公示的结果不认同，认为与自己家庭情况差不多的家庭为什么被确定为精准贫困户，而自己却没有。对公示期内的反馈结果，基层政府相关部门一般都比较重视，加之从上至下对精准识别的重视，县、乡、村会依照公示期群众反馈意见进村入户核实，并同时向群众解释精准识别的政策。

（二）问题二：文牍主义

精准扶贫作为国家政策，经历行政系统自上而下的执行过程中会产生政策扭曲。扭曲的产生来自两个方面的压力：一是党委对各级政府的政治要求，二是自上而下的压力型体制。两者共同促成了政策执行过程中“宁左勿右”的政策倾向。上述硬指标的软指标化就是政策精神扭曲的一个方面。精准扶贫政策从一种扶贫思想和观念转变为国家政策，作为一种治国理政的思想，其本身就内涵了精细化和技术化治国理念。当其落实为一种政策在官僚化（韦伯意义上）和越来越讲究技术治理的政府系统中执行，其精细化和技术化的特征被放大了。精准扶贫中的文牍主义就是放大的后果，集中体现在精准扶贫户识别出来之后的建档立卡工作中。

按照建档立卡工作要求，必须一户一档，一组一档，一村一档。下面是一组一档和一户一档的材料内容。

一组一档的内容包括州至各乡镇（街道办）的相关政策文件，各组村民代表大会会议通知，推选精准扶贫监督员会议签到册、会议纪要、图片，同意会议表决人员签字表，精准识别回头看村民小组会议签到册、会议记录，贫困农户申请表，贫困户精准识别征求意见表、精准识别村民小组会议建议表，村民组贫困户初选名单公示及图片，村民小组精准扶贫榜公示及图片，五个一批脱贫会议记录、签到册、图片，脱贫意愿等 13 份纸质材料。民主评议的组织和过程形成的相关文字材料，是建档立卡档案的重要组成部分。

一组一档的材料内容较多，主要由文件规定、签字材料、图片、过程材料、决议材料和公示材料等几部分构成，目的在于反映精准贫困户识别全过程，使得政策落实和文件精神的执行不走过场，通过签字和公开环节的材料确保民主评议过程公正公开。从行政过程督查角度来看，要做到对政策落实过程的全程监控，为后期的检查核验工作提供全景式的第一手材料。一般来说，严格按照政策文件的要求去做识别工作，这些反映工作过程的档案材料会自然地形成。然而，在实际工作过程中，做好这些材料成为工作的主要内容，工作重点不在于确保识别的工作符合政策规定，而是“制造材料”或者说是基层干部所认为的“做作业”能够达到应付将来的上级检查。

一户一档包括 11 项内容：贫困农户申请书，贫困农户脱贫意愿书，贫困户精准脱贫评估报告书，贫困农户评估表（识别阶段），贫困户登记卡，贫困户精准识别建档立卡登记表，帮扶措施台账，贫困农户评估表（脱贫阶段），年考核验收脱贫人口家庭入户调查表，入户调查照片，精准脱贫评估报告书等。贫困户档案内容涉及农户家庭经济收入情况、脱贫措施以及脱贫评估依据等表格材料的内容，其精细化和全面性，让国家对个体农户信息的掌握达到前所未有的程度。

在精准贫困识别评估、脱贫评估和扶贫的检查中还会产生许多表格，比如“贫困户精准识别建档立卡登记表”和“精准脱贫户的识别建档立卡评估表”以及“年度国家扶贫开发工作重点县‘减贫摘帽’工作年考核验收脱贫人口家庭入户调查表”。“贫困户精准识别建档立卡登记表”（以下简称“登记表”）包括贫困户的家详细地址（精确到村民小组），户主姓名，银行账户，身份证号码，识别标准,贫困属性,主要致贫原因,其他致贫原因,帮扶分类,家庭成员的情况,生产生活条件,帮扶责任人情况,帮扶计划,实施项目,贫困户的照片(帮扶前、中、后)。在需要贫困户户主确认的表格上还需要户主签名并按手印。

以家庭成员的情况为例,登记表不仅列出了家庭成员的姓名、性别、与户主关系、身份证号码、民族、文化程度、政治面貌、健康状况等个人基本信息,而且还对每个人是否是在校学生、劳动能力、务工状况、务工时间、就业性质(是否劳动力转移就业)等有关经济收入的信息,以及是否参加新农合和新农保等参与社会保障的状况都做了详细的记录。通过这些信息,可以完全掌握贫困户家庭人口的全部信息,包括人口流动的情况。

"登记表"中有关生产生活条件的部分包括生产条件情况、生活条件、住房情况和收支情况,是"登记表"的核心部分。其中生活条件情况以贫困户的承包耕地面积、林地面积和水面面积为主。仅以耕地面积情况为例,其中包括总耕地面积,还细分到可有效灌溉的面积、水田(田)面积、旱地(土)面积。而林地面积包括退耕还林面积和林果面积。生活条件包括水、电、路、广播电视等基础设施条件,还包括农户家庭拥有耐用消费品的情况;在饮用水一栏,不仅要描述基本情况,还要描述水源情况以及是否安全;对道路状况需要注明与村主干路的距离,以及入户路的类型;等等。住房情况包括有无卫生厕所、主要燃料类型、建房时间、房屋主要结构、异地扶贫搬迁情况等。关于农户收支情况最为详细,包括未偿还借贷款,家庭年收入,家庭年人均收入,财产性收入,全家工资性收入,家庭年纯收入,家庭生产性支出,领取低保金、各类补贴、生态补偿金、医疗救助金、计划生育金,领取养老保险和新农合报销医疗费。

以上表格内容的数据采集和填写主要由乡镇扶贫办工作人员来完成,包村干部、包保责任人以及村干部作为辅助,因为他们对各村组以及农户的情况最为熟悉。各种表格材料、照片材料以及签字的会议记录等第一手资料,需要大量的原始数据采集,表格数据的填写和归档,各种表格数据间逻辑关系的核对。这些工作观察了精准识别、建档立卡和脱贫评估的全过程。采集原始数据难而且成本高,数据要求精确,贫困户数量多,材料形式多样。建档立卡工作,不仅要建立纸质档案,同时还要在扶贫电子信息系统中填写电子档案,纸质档案和电子档案要保持一致,纸质档案要与实际情况保持一致。如果原始数据采集出现错误与实际情况不符,或者因扶贫措施的开展,贫困户的实际情况发生变化,必须得重造纸质档案,更正电子档案。

建档立卡工作,随着精准识别工作的展开而开始。初次精准识别之后,有多次关于精准识别的回头看。因此建档立卡工作经历了至少两次返工（见有关基层调查报告），每次返工几乎都是重新来一遍，一般来说只要有一户需要调整，该户所在的村民小组和行政村的档案资料也得调整。同时县、市（州）、省（自治区）、国家会以不同形式不定期地对整个扶贫工作进行检查，在进村入户实际检查的同时，建档立卡的档案材料和电子信息系统的数据是每次检查的重点，一旦检查出了问题，相关档案资料就得调整。因此，扶贫办工作人员除了应付日常扶贫业务工作，比如精准扶贫户贷款申请、开具各种证明等，填写、修改相关基础数据，整理文档，系统数据维护等工作占据了他们 2/3 以上的工作时间。

按照精准扶贫的工作部署，县级以下的工作人员（享受财政供给的公务员和事业编制人员如教师、医务工作者等）必须担任精准扶贫户的包保责任人，与扶贫工作关系不大的机关、事业单位人员一般只负责 1 户或者 2 户精准贫困户，乡镇的工作人员从领导班子到普通科员，则要负责的精准贫困户更多，而扶贫办的工作人员一般得包保 10 人以上。按照政策对包保责任人的要求，包保责任人必须定期到结对帮扶的精准扶贫户家里探访，了解其家庭情况，帮助精准扶贫户谋划脱贫项目，帮助其申请贷款等。这也就意味着扶贫办的工作人员在做好办公室工作之外，还得经常下乡进村入户。考虑到各个村组到街道办事处的路程，半天的工作时间最多能够探访两户，前提是这两户在同一个自然寨或者路程较近的自然寨。

除了以上工作之外，精准识别过程的进村入户开会，数据采集过程，数据填写、纸质档案整理以及电子数据填写和信息更新维护等的工作量之大已经超出了人们的想象。人员扩编和加班就成为应付日益繁重的工作的必要手段了。以笔者调查的平洞街道办为例，随着精准扶贫工作的展开，为了完成繁重的行政工作和文字工作，先成立了扶贫办，从 2014 年的两人扩充为 2016 年4 位工作人员（不包括主管领导），扶贫办工作人员主要是完成纸质材料的填写和归档以及电子档案的填写及维护。据县扶贫办的工作人员介绍，自从各个乡镇成立扶贫办，扩充工作人员以来，扶贫办工作人员是最累的，中午不得休息，晚上加班到十一二点是正常情况，节假日也没法休息。因为繁重的工作，频繁的加班，甚至影响了一些工作人员的家庭关系，更有人不堪劳累调离岗位或者辞职。

建档立卡工作所形成的档案材料是脱贫攻坚工作检查中的重点，是体现精准扶贫的识别精准、帮扶措施精准、脱贫效果精准的重要载体。“登记表”中各个部分有一定的逻辑关系，比如家庭劳动力的基本情况以及家庭拥有生产资料的情况和采取的扶贫措施是与农户的家庭收入密切相关的。建档立卡之后，对于参与这些材料制作的乡村干部来说，他们最为担心的是在将来检查中如果这些前后有逻辑关系的数据被发现有基本逻辑上的冲突，就会被怀疑为造假，之前所有的努力和辛苦都会付之东流。因此，扶贫办的工作基本上围绕着建档立卡的文牍工作而展开，这在一定程度上将脱贫帮扶措施的实施工作放置在了次要位置。在笔者调查期间，受访的精准扶贫户反映的一个普遍问题是，自从建档立卡被确定为精准扶贫对象以来，迟迟不见扶贫措施落地。精准扶贫中的文牍主义是其中原因之一。

二、精准扶贫何以精准

(一)脱贫攻坚战略的结构性背景

扶贫攻坚是一种战略，还是为了完成小康社会目标的战术性措施，是一种自上而下的具有很强政治性的行政任务。而对于像贵州这样的结构性贫困地区，虽然在扶贫攻坚中加强了基础设施建设，增加了贫困户的转移性收入，但因为产业扶贫有许多不可控的因素，可持续性较差，扶贫户具有因为经营不善而返贫的可能。因此从实际效果来看，一方面检验了基层政府加强基础性权力建设的能力；另一方面对于连片成块的贫困地区、财政能力弱的地区，相当于进行了新一轮的基础设施建设，其实是新农村建设的继续。

结构性贫困的特点：少数民族地区文化的弱势，山区的闭塞，交通与市场的内循环。区域性的贫困应从战略角度进行扶贫，加强基础设施建设，完善三通，进行文化的改造，从宏观方面调整产业结构，招商引资，增加就业结构。黔西南的贫困源于落后地区原初丰裕社会特点的生计模式，经济生产形态剩余很少，是没有积累的生产，属于区位上的劣势，是地理条件与宏观社会不适应和不匹配而产生的贫困。

精准扶贫，延续了同步小康、共同富裕的思路。完成扶贫攻坚，是体现社会主义制度优越性的重要方式。所谓的精准，是因地制宜意义上的精准还是建档立卡直接瞄准贫困户的精准，是改善贫困地区农民生产生活条件的精准发力，还是让每一个贫困户都要脱贫的精准？精准扶贫，同步小康，一般都是放在一起使用的，但是人们对其具体内涵却经常不明所以。扶贫和减贫的含义比较接近，而小康则是与共同富裕的社会主义目标在一起使用的。那么问题便来了，到底是精准扶贫还是致富？

精准扶贫作为党中央提出的国家方针政策，一般不可能确定非常具体的目标。首先，它是国家领导人的思想和理念。“实事求是、因地制宜、分类指导、精准扶贫”①，要实施精准扶贫，就要瞄准扶贫对象，进行重点施策。在随后的一系列阐述中，习近平进一步将其阐述为：注重“六个精准”，坚持分类施策，因人因地施策，因贫困原因施策，因贫困类型施策。② 精准扶贫强调因地制宜，因对象施策。通过扶持生产和就业发展一批，通过易地搬迁安置一批，通过生态保护脱贫一批，通过教育扶贫脱贫一批，通过低保政策兜底一批，广泛动员全社会力量参与扶贫。其次，相对之前的减贫和脱贫措施，精准扶贫政策落实过程中强调“地方要优化整合扶贫资源，实行精准扶贫，确保扶贫到村到户”。对于扶贫对象来说，谁的贫困程度深，对谁的扶贫措施就多，并一直强调要精准：“贵在精准，重在精准，成败之举在于精准。”③以上是对精准扶贫原则方针的阐述。最后，关于精准扶贫还有一个具体的期限，要确保贫困人口如期在2020年脱贫。如何做到扶贫中的精准并确保贫困人口如期脱贫呢？

精准扶贫作为一种思想和理念，要在从中央到地方的行政系统中逐步落实变为国家政策。国家政策要在一套行政系统中执行，在这个过程中很可能会产生执行力度的扭曲和政策目标的错位。精准扶贫的政策很容易出现层层加码，政策执行过程中很容易出现“左”的倾向。这是政策力度扭曲的一个方面。既然是国家政策就必须有明确的政策目标，什么是贫困户，怎样精准扶贫，作为具体政策目标要有期限。

(二)精准扶贫为什么难以精准

精准扶贫的前提是确定贫困地区和贫困户，实施分类指导。如何确定贫困地区和贫困户必须有一个明确的标准和指标来测量贫困程度，而这些指标无疑是经济指标。一旦有了统一的指标，就容易在具体的政策失去灵活性，从而给识别工作造成困难，使识别的过程成为一种烦琐的文牍主义的行政工作。具体表现为识别过程的指标化和脱贫的指标化，是产生“数字扶贫”的根本原因。

精准扶贫的政策要执行，贫困的识别是首要的难点。相对来说，贫困地区、贫困县、贫困乡镇和贫困村用相应的经济指标就可以很好地识别出。按照精准扶贫政策的要求，不仅要精准到村，还要精准到户。因此精准贫困户的识别就成为一个重要的问题。在经济学中，贫困的认定也是一个很有争议的理论难

① 本书编写组:《新理念 新思想 新战略80词》，北京：人民出版社，2016年，第204页。
② 本书编写组:《新理念 新思想 新战略80词》，北京：人民出版社，2016年，第205页。
③ 本书编写组:《新理念 新思想 新战略80词》，北京：人民出版社，2016年，第206页。

题,更不用说精准扶贫中贫困户的认定了。精准贫困户的识别成为政策执行中的技术难题。

政策执行中,理论问题可以暂时搁置,政策总要执行下去。首先确定贫困线,各省一般都参照国家的贫困线确定本省的贫困线。贫困线是以人均纯收入定义的简单经济指标。但因为农户收入的非标准化、非统一性、复杂性和信息的不可获知性,以及贫困的不同样态,使得精确计算农民家庭人均纯收入成为一个几乎不可能的事情。概括起来主要有以下几个方面的原因:

第一,人均纯收入的经济指标对农户家庭经济有一定的不适应性。人均纯收入是脱胎于现代工商业社会的一个经济指标,现代工商业是理性经济,讲求经济效益并可以进行精确的会计核算。分田到户之后,中国的农户虽然可以看作一个独立的经济核算单位,但理性化程度低,讲求家庭经济收入和支出的平衡,而不是追求经济效益。因为自给自足经济的存在,以及农民生活资料和生产资料商品化和社会化程度的不同,本质上农户家庭经济是不适宜进行会计核算的理性经济。实践中往往难以准确、精细地核算农户家庭的收入和支出。

第二,农户家庭经济中有一大部分收入很难精确量化。农户家庭经济纯收入至少可以包括四个部分:一是农业经营收入,二是务工经商类收入,三是自给自足部分,四是转移性收入(有财产性收入的较少)。这四类中最好计算的是转移性收入,前面三类都存在一定程度的不可计算性和难以获得性。因为每年种植面积大小和种植作物不同,生产资料投入不同,每年农产品价格不同,流通到市场进行出售的多少不同,所以农业经营类收入极其不稳定。即使农户如实报告,也很难给出经营农业纯收入的准确数字,一般都是估计数字,这还不计是否有雇工和农户自身的劳动力投入和家庭中半劳力的投入。一些经济林木的种植,其收入更是难以计算了。对经济林木来说,前期几年基本上都是投入,等到挂果或者成材之后才会有收入。这部分收入的计算,一般按照林木的多少以年来平均,其实大多时候只能去估算。经济林木的种植在平原地区农户家庭收入中所占的比例不大,而在山区则占很大比例,连片成块的贫困地区恰恰以山区居多。

一般来说,务工经商类收入似乎是比较好计算的,其实也没那么简单。我们一般会以为,一个打工者每个月有多少工资是比较好确定的,而问题在于打工者的流动性,即使以月来计算,其收入也是不稳定的。一般打工者报告时会估算出向老家寄回了多少钱,每年返乡时存了多少钱,而这是扣除花销之后的收入,不是纯收入。相比于打工收入,经商类收入更具有不稳定性了。

最难精确计算的是自给自足部分的收入。在山区，庭院经济不仅在家庭经济收入中所占的比例较大，其范围也较广。一般来说，庭院经济产出的大部分都用于家庭消费，是不追求经济效益的。虽然说每一家一年养了多少头猪、多少只鸡，产了多少蛋是可以估算的，但是到底产量是多少，一般是无法计算的。庭院经济中的饲料来源，有一部分是从市场购买，大部分是自产，自产的部分几乎是不可计算的。庭院经济中的用以自食的蔬菜更是无法计算其价值。即使可以估算产量，也很难确定价格。庭院经济中的产出品大多数是绿色、有机食品，与市场上大宗农产品的价值相比，价值比较高，但如何定价是个问题。如果按照流入市场的有机、绿色、生态农产品的价格计算，仅是这部分用于家庭自食的农产品，就可能占到家庭纯收入的很大一部分。

第三，农民保守的经济意识和观念给经济收入核算带来困难。“有财不外露”的观念还在大部分农民观念里存在，即使在自然寨这样的熟人社会中，每家有多少存款，打工收入是多少，外人也很难知道。政府工作人员如果要询问农民或者农户的收入，要么是一个严重缩水的估计数字，要么农民自己也说不清。比较好量化的务工经商类收入，核查者不可能从其他方面获得，完全由农户报告。一些农户显然知道询问经济收入的目的，甚至希望工作人员写少些，因为预期获得可能的政策好处。也就是说，农户的经济观念导致其家庭经济收入报告的主观性和随意性较强。与此相关的一个问题是，在存款货币化和信息化的时代，哪家有多少存款，外人是不可能知道的。

第四，农户家庭经济结构中自给自足部分的存在，为精准贫困户的识别和脱贫指标的核定留下了人为操作的空间。农户庭院经济中大部分产出用于自家消费，以及像燃料、水等这些可以免费取用的资源，到底是算成生活支出还是家庭收入，在扶贫指标计算中可以灵活对待。燃料和饮用水作为生活中的必需品，对于居住在山林中的村民，柴火像空气一样可以免费取用；除非是特别干旱的年份，用作饮用的山泉取之不竭，也是免费的。自产自销的肉蛋奶以及不用支付任何成本的饮用水和燃料的获取，在精准识别中的人均纯收入的计算和脱贫人均纯收入的计算中可以区别对待。在精准识别中为了保证收入指标尽量低，以上自给自足部分可以不计入收入，而在脱贫指标的核算中这部分可计算为经济收入。

农户家庭经济收入的这些特性，给精准识别造成了技术性困难，使得随后的精准贫困户建档立卡工作演变为文牍主义，并导致针对精准贫困户的脱贫措施变成数字游戏。

（三）精准扶贫扶什么

准确地核算农户的家庭经济收入存在着以上困难，那么在精准识别中基层政府如何识别精准贫困户呢？一般来说是成立专门的精准贫困户识别调查组，制定详细的与当地农户经济收入结构和特征相契合的核算方法和指标，进行农户经济收入普查。相对来说，这是最为精确和客观的识别方法，因为是较为独立的调查组，避免了乡村干部以权谋私、优亲厚友的可能。缺点是识别的成本比较高，工作时间比较长，效率比较低。广西一些地方用的就是这种办法。

其实，在大致相同的经济结构、生产条件和生产资料占有下，农户家庭的经济收入总会从显性的特征上表现出来，比如住房、家庭电器、家具、车辆等耐用消费品的种类和档次，吃穿用度等可见的生活水平。但是因为文化传统和生活习惯等因素，不同地方人们对衣食住行的安排具有一定的结构性差异。比如河南的平原地区，因为村庄生活面向是向内的，村庄中社会价值竞争较为激烈以及家庭再生产的需要，建房在家庭支出中具有首要的位置，而日常的吃穿用度则尽可能节约。而在江汉平原一代，因为村庄生活面向是向外的，虽然家庭的经济收入较高，但是人们注重日常的吃穿用度，不怎么重视建房。而在贵州的望谟县，其总体的经济发展水平处在从原初的丰裕社会向现代工商业社会转型的过程中，农户的经济收入在满足基本的温饱之后，首先用于生活条件的改善，建房是首选。也只有在这种情况下，住房条件才有可能成为我们识别贫困程度的重要指标。举出这些例子意在说明，一些外显的物质状况，并不能准确地反映农户家庭的经济水平，更不能准确地反映农户的家庭收入状况，最多可以作为一种参考的指标。这也说明，与贫困程度有关的生活水平高低并不完全与经济收入正相关。

精准扶贫作为一种新的扶贫理念和思想，是相对之前的粗放式扶贫而言的。一种治国方略要转变为具体的国家政策来执行，需要转变为行政系统的具有精准化特点的政策，而不是政策执行过程的指导方针和原则。这一倾向与压力型体制的痼疾“层层加码，层层考核，下对上负责”相交合，从而使得具有战略性特征的扶贫理念，演变为运动式贫困治理。这是精准扶贫中急功近利行为产生的深层次原因。

精准扶贫政策的期限设定，虽然能够增加自上而下政策执行的力度，但在连片成块地区扶贫工作中产生了诸多弊端。对于连片成块地区的扶贫来说，重要的是改善基本的生产和生活条件，消除致贫的基础条件，其次才是到村到户的产业精准扶贫。

（四）扶贫方式的精准还是扶贫对象的精准

精准扶贫相对于之前的大水漫灌式的粗放扶贫，是因地制宜制定扶贫措施，进行政策倾斜和资金投入。特别是对连片成块的贫困地区，应找准导致贫困的主要因素，按菜下饭，有针对性地采取减贫措施。对于连片成块地区的精准扶贫应该从以下方面着手。

对连片成块贫困地区来说，往往是因为自然地理条件差，交通不便，自然禀赋匮乏而导致的贫困。也正是因为这些原因，其区域内的经济发展水平整体上比较落后，产业结构不合理，工商业不发达。那么扶贫的措施首先是改善贫困地区的生产生活条件，先从基础设施等硬件着手。基本的生产生活条件具备之后，通过营商环境的改善，招商引资，调整产业结构，从宏观上改变经济发展水平。

此外，对这些地区来说，因为当地非农产业不发达，家庭成员赴外地务工经商，返乡的资金输入是当地经济收入的大头，也是贫困户主体性脱贫的主要手段。在产业结构得到完全改善之前，需要通过减少支出，解决务工经商人员的后顾之忧来曲线扶贫。

从长远来说，可以通过加大教育投资来从根本上改善贫困状况。很显然这不仅需要大量的资金投入，而且是一个较为漫长的过程。一般来说，也不宜设置较短的脱贫期限。如若不然，所谓的“精准”往往会变成数字游戏，变成指标扶贫。国家虽然投入了大量资金，基层政府也增加了相当大的工作量，但是仍然解决不了根本问题，最多通过直接的转移支付和变相的转移支付暂时增加了贫困户的收入。而对于一般农村地区，整体上已经脱贫，因为特殊的原因而存在一些贫困乡镇或者村，甚至整体已经奔小康的村庄中存在个别贫困户，可以采取到村到户的对象精准扶贫。

（五）行政扩权、技术治理与半正式治理的冲突与矛盾

从精准识别到精准扶贫等一系列的过程，从国家基础性权力建设的角度而言，是新的一轮基层政府行政扩权，也意味着治理技术上的一次革新。通过对村干部的加薪和考核，将之纳入行政序列。然而无论是村干部的群众基础还是村干部治理能力基本上只限制在自然寨的范围内，村干部最多只能做好自己分管的事务，其他事务以应付为多。而现任的村干部因为文化素质以及工作动力的既有惯性，也难以适应精细化的技术治理。这些都为我们思考基层治理的转型提供了很好的契机。

近年来，基层治理中的技术治理倾向越来越突出，国家基础性权力的不断

深入,使原有的半正式治理结构与之越来越不匹配。特别是精准扶贫措施实施以来,统一化标准化的数据信息要求,对基层治理过程以及工作人员的素质提出了新的要求。

半正式治理模式的良好运行,其首要的前提是熟人社会,同时也是以自上而下行政任务的相对简单为前提的。在熟人社会里的村干部不仅有相应的治理资源,也有相应基于熟人社会的治理权威,他们也是"地方性知识"的掌握者,可以成为一个有效的治理应责主体,同时也能够有效地承接自上而下的行政任务,并且可以相应地降低行政成本。当代因为乡村社会性质的普遍改变(人口流动与合村并组),熟人社会的局面已经被打破。与此同时,自上而下的行政任务越来越多,随着国家基础性权力的下延,技术治理倾向的加强,国家需要掌握越来越多且细微的村民个人信息和家庭信息。如果要维持行政效率和成本的平衡,一方面需要村干部的熟人社会成员的身份,另一方面要求村干部具有专职化,即在个人素质上有某方面的专门知识和文化素质,而后一方面恰恰是大多数村干部所不具备的。基层政府为了解决这些矛盾,有效地完成行政任务,通过各种方式加强村干部的专职化(加薪的同时加强考核,实行坐班制等),但是村干部应该具有的专门知识和文化素质却难以提高。因此,一些本应由村干部来完成的工作被倒逼到了基层政府,这样一来基层政府的常规性工作就更多了。于是基层政府就招聘更多的人员以应付日益增多的常规性工作,与此同时不断地强化和充实包村工作,成立包村小组,下派包村干部。这不仅增加了基层政府工作人员的工作负担,也增大了行政成本,形成实质上的尾大不掉。

三、产业扶贫为何脱靶

精准扶贫的战略思想在转变为政策之后,经历自上而下的行政系统后产生了诸多扭曲,工作目标严重脱离了政策目标。既然扶贫办工作人员的工作重心在办公室文牍工作上,体现精准思想的包保责任人也流于形式,那么按期脱贫的目标怎么实现呢?其中诀窍仍然在文牍工作上,所谓的"数字脱贫"也正是从文牍主义的脱贫工作中出现的。

望谟县属于连片成块的贫困地区,是贵州省确定的脱贫攻坚重点县。脱贫攻坚所投入的资金巨大,措施多样。望谟县主要的扶贫措施有基础设施建设、易地扶贫搬迁、产业扶贫(包括特惠贷)、劳动力转移、财政转移支付等("五个一批")。各级政府能够切实推动的扶贫措施主要有两项:一是易地扶贫搬迁,二是产业扶贫。因为基础设施的公益性和非排他性，很难计算到精准扶贫户的家庭收入上，而且对于连片成块贫困地区来说，所需的基础设施建设的成本较高，且不能够体现精准扶贫的时效性和精准性。虽然一些基础设施建设的项目也在推进，但是从实效性和投入成本角度考量，易地扶贫搬迁是脱贫措施中的重中之重。随着安置房建设项目昼夜赶工和在建项目的交付使用，通过易地搬迁的方式实现脱贫的精准扶贫户很快就可以实现脱贫。

(一)产业扶贫

产业扶贫是最能够体现精准并具有脱贫周期短特征的扶贫措施，但在实施过程中存在项目落地难的窘境。为了避免之前“撒胡椒面”式扶贫项目无果而终、效率低下的教训，精准扶贫中的产业扶贫项目强调精准贫困户的组织化脱贫，运用“公司(龙头企业)＋农户”“合作社＋农户”等模式，让农户入股，有的地方甚至提出“村庄公司化，农户股民化”等方针。对于脱贫攻坚任务重的乡镇来说，主管扶贫工作的领导主抓产业扶贫。为了能够让项目的实施起到实际的效果，对产业扶贫项目的实施，相关领导一般都非常慎重。从联系平台公司，项目选址的土地协调，项目引进，动员精准贫困户参与等，事无巨细全程参与并负责，推迟了项目落地的时间。笔者调查的洛朗村，从2016年4月有两个立项的产业扶贫项目，直到2016年11月尚没有一个落地。

扶贫措施中的农户对扶贫措施的认知错位，导致贫困户的参与积极性低。贫困户乃至广大村民对村干部的道德假设，对政策的认知，对扶贫项目的认知都存在着偏差。项目悬浮，迟迟不能落地，政府一手打造的项目都缺乏对贫困户主体的充分尊重。市场经济条件下，精准贫困户是市场经济中的弱势者，也是市场经济条件下农民分化的必然结果。通过平台的方式进行扶贫，可能遭遇精英俘获或者农户参与的困境。之所以要政府出面搭建平台，是解决个体农户与市场有效对接的问题。产业扶贫项目最为关键的是如何动员农户参与，将农户组织起来。

将农民组织起来首先面临着土地制度的障碍。洛朗村的扶贫项目迟迟难以落地主要有三个方面的原因：一是寻找可靠的、有技术又能保障市场的公司较难；二是公司找到了，但是项目用地难以落实，选中的地块需要与承包户交涉租赁土地；三是动员精准扶贫户主动参与比较困难。精准扶贫户参与无外乎两种方式：一种是以资金入股的形式参与，盈利分红，如果缺乏资金，精准扶贫户可以通过特惠贷筹集资金；另一种是以劳动力形式参与。因为项目还没开始运行，政府作为组织者，牵线搭桥打造脱贫平台，组建经济实体，如何激励贫困户自身的脱贫动力，增强他们脱贫的积极性和主动性，还是后续问题。

精准扶贫户本质上还是分散的小农，是完全的市场经营主体，从制度上说也要求农民为自己的经济行为负责；而产业扶贫则是政府组织农户与市场对接。其实，如何发展家庭经济，养鸡、养猪等种养产业农户都尝试过，技术、市场信息、资金、风险防范等方面的问题，在农户自主发展经济的过程都遭遇过。与产业扶贫项目中农户低度参与相关的是在自然村寨内村民在修桥、换工、投劳、西瓜种植方面却获得了成功。对于连片成块的贫困地区，产业扶贫实质上演变为新的产业结构调整。政府总想与市场这只看不见的手做斗争，产业扶贫就又回到政府推动产业结构调整的老路上去了。

自从具有运动式特征的精准扶贫政策启动以来，许多贫困户已经产生了"等靠要"的思想。无论是基础设施项目还是产业扶贫的项目，村民们都在等项目，缺乏主动性。政府已经启动或者宣传的项目迟迟不能落实，或者承诺的补助款迟迟不能到位，从而让村民产生了"不信任"。究其原因，是因为项目没有与农户内生性需求有效结合，特别是一个接一个的失败的或者流于形式的合作社。即使是一些较为成功的合作社，其也很难发挥带动作用。许多看来可能有经济效益的项目，基本上都是需要高技术投入的，其扩散的成本比较高，而效益则比较低。

(二)特惠贷

与产业扶贫项目共同推进的是特惠贷项目，相对于产业扶贫项目，是主要针对精准扶贫户个体的国家财政贴息贷款。按照政策规定，所有建档立卡的精准扶贫户最高可申请5万元的贷款项目，必须用于生产经营。为了保证农户申请的贷款真正用于发展生产而不是消费，对于贷款申请的流程、资金的发放以及资金使用都有较为严格的监控措施。贷款的申请必须由包保责任人或者所在村扶贫攻坚"五共小组"组长签字审核，资金的使用由村干部或者包保责任人监管。因为包保责任人比较分散，大多数审核签字是由"五共小组"组长签字的。2016年初笔者调查的街道办事处启动了特惠贷项目。笔者调查的行政村截至10月底已经累计发放贷款380多万元。"五共小组"组长介绍，特惠贷的审批是相对宽松的，基本上只要是建档立卡的精准扶贫户申请，一般都可以获批；资金使用的监管也比较困难，资金使用的监管基本上流于形式，许多精准扶贫户在拿到第一笔贷款之后，之前计划的种养项目就停止了。虽然按照政策规定贷款申请的签字人不是担保人，但随着贷款的人越来越多，这位"五共小组"的组长对特惠贷面临的风险不无担忧，无论是他自己还是当地信用社负责人签字已经签得手发抖了。

笔者调查村庄的“五共小组”组长是该村的包村干部和第一书记，对特惠贷资金的使用情况非常了解，已经获得贷款的农户真正用于发展生产的寥寥无几。与上述产业扶贫项目的平台化运作不同的是，特惠贷更加符合精准扶贫中的精准要求，即直接面对建档立卡的精准扶贫户，为其提供生产性资金支持，解决贫困户发展性资金不足之困，属于政府资金支持自主脱贫的措施。从政策设计角度而言，并不是所有的精准扶贫户都可以申请到贷款，兜底户因为劳动力的缺乏，是不可能自主脱贫的。通过特惠贷的方式实现脱贫，贫困户以发展小规模种养业或小商业为主，要求贫困户有一定的发展能力，具备相应的技术才有可能在资金支持的基础上实现脱贫，本质上是市场行为、创业行为。既然是市场行为和创业行为，就存在失败的风险。

贫困户申请贷款的态度有两种。一种是认为这是国家贴息贷款，机会难得，而且是政府鼓励和宣传的贷款项目，贷款申请比较容易，先得到款再说，不太考虑三年之后的还款问题；或者说本身就想当“老赖”，反正是国家的钱，没有实际的担保人。这一类人对政策认识存在偏差，或者在强势的扶贫政策氛围中产生了投机心理。另一种是符合条件，但因为担忧“创业失败”而背负债务，不敢贷款。从现在已发放的贷款数额来说，得到贷款的人还是比较多的。可见，持第一种心态的人占大多数，其中也有部分贷了款的贫困户没有用于发展生产，也没有用于日常消费或其他非生产性支出，而是得到贷款之后转借他人。总体来看，申请到贷款的农户，有用于建房的，有用于日常生活开支的，有转借他人的，非生产性支出较多。当地信用社对贷出资金的使用情况当然是比较了解的，只不过在扶贫攻坚的政策形势下，又不能收紧特惠贷审批，于是便产生另外一种情况：信用社鼓励获得贷款的精准扶贫户将获得的资金转存到信用社，存款期限也是3年。这样一来，精准扶贫户还可以获得利息，并免除了还款的压力，信用社也避免了金融风险。通过这种方式，国家的财政贴息成为精准扶贫户直接获得的好处，信用社既完成了扶贫攻坚的任务，又避免了贷款回收的风险。

四、易地扶贫搬迁的两难

（一）生产生活条件改善与潜在的权利失败危机

在“精准扶贫”的过程中，一些连片成块贫困地区将易地搬迁作为“精准扶贫”的主要措施。原因在于，这些地区多是交通不便，基础设施条件差，生产生活条件差，产业结构调整空间较小的地区。相对于易地扶贫，就地扶贫的财政投入多，而且效果不明显。易地扶贫搬迁通过物理空间的腾挪，空间再造，具有基础设施改造的规模效应，将贫困群体从不适宜生产生活的地方搬迁出来进行集中安置，将彻底改变贫困户的生产生活条件。对贫困群体来说，生产生活条件改善的同时也意味着生活结构的彻底改变。

一定空间条件下的生活结构决定着一系列的权利关系，空间的改变也意味着一系列权利关系的改变。阿马蒂亚·森主张将贫困问题放在一定的权利体系中分析。他认为典型的权利关系可以包括以下几个方面：以贸易为基础的权利，以生产为基础的权利，自己劳动的权利，继承和转移的权利。这些权利构成了人们维持基本生活以及生活水平提高（现代意义上）的基础，建立在这些拥有这些权利的基础上，拥有这些权利人们可以获得免于挨饿和体面生活的基本生活资料。[①] 理论上说，现代社会中的每个人都多多少少拥有这些基本的权利，但是因为现代社会分工的发展，由这些权利所构成的权利集合中各项权利的权重不同。比如商人主要通过以贸易为基础的权利为生计谋，农民较多地拥有以生产为基础的权利和自己劳动的权利为生计谋。不同职业的人如果遭遇了相应的权利能力低下或者失败，就有可能陷入贫困乃至食不果腹。以上皆是直接权利。

相对于这些基本的交换权利，在市场经济条件下，还有交换权利。作为一种中介，粮食危机条件下正是这种交换权利的失败导致了一些人食不果腹。

阿马蒂亚·森在《贫困与饥荒》一书中着重反驳了美国食品药品管理局（FAD）的方法，即一直考虑实际中存在着什么东西，而没有充分考虑谁在控制着这些东西，即只关注到食物对人口的比率是十分幼稚的。[②] 他运用权利方法对饥荒的研究中已经阐明，在大饥荒中死亡较多的是那些容易遭受权利失败的职业群体，比如农业工人、游牧民以及依附于以上职业群体的服务业从业者。之所以这些群体最容易在饥荒中遭受打击，是因为他们所有拥有的基础权利在饥荒来临时是最为脆弱的也是最容易失败的。对农业工人来说，受到天灾的影响，农业歉收或者减产，他们就有可能失业，依靠出卖劳动力方式所能够实现的以生产为基础的权利就可能被首先剥夺。相比较而言，农民无论是自耕农还是佃农的状况就会好一些，因为他们同时拥有以生产为基础的权利和自己劳动的

---

① 参见［印度］阿马蒂亚·森：《贫困与饥荒》，王宇，王文玉译，北京：商务印书馆，2017年，第2～7页。

② 参见［印度］阿马蒂亚·森：《贫困与饥荒》，王宇，王文玉译，北京：商务印书馆，2017年，第14页。

权利。与农民相比，农业工人的交换权利的实现在危机条件下就脆弱得多，因此，他们在饥荒时期受到的打击就尤为严重。

阿马蒂亚·森同时强调，权利方法不仅可以运用到对饥荒的分析，也可以运用到对贫困的一般分析。[①] 精准扶贫应在政策上拓展，即不仅关注哪些地区贫困，而且还关注哪些家庭贫困。权利关系的核心是人们对基本生活资料的支配关系。

易地扶贫搬迁是望谟县精准扶贫的主要措施。望谟县是贵州省最为贫困的县之一，全县境内几乎全是山地，除了县城之外，很少有平坝。有句笑话说："外地人来到望谟，看到的全是山，于是就只好沉默。"其人口以布依族为主，山民多居住在山间或者缓坡之上，依山势建房，除了房屋处平整的坡地外，各家各户很少有院子。在油麦瑶族乡，瑶族人多居住在高山山顶上，山民们靠山吃山。水田大多集中在山谷底的冲击平坝上，所谓的地多为烧荒垦殖，耕作条件非常艰苦。农业生产根本无法用机械，只能肩挑背扛，为了收割庄稼方便，许多家庭还饲养有驮马，竹背篓是日常生活中必不可少的人力运输工具。

望谟县被山势阻隔，交通十分不便，只有到这里才会明白什么是"距离近，路程远"。从县城下乡镇进村入户，都是盘山路，至今还有60%以上的通组路没有硬化，有些自然寨一遇到下雨天，只能步行进入，汽车乃至摩托车根本无法通行。因为交通等空间因素，以及语言的文化区隔，一方面构成了自然村寨很强的内聚性，另一方面也造成了国家权力下延不及，国家自上而下的行政成本非常高。

如果说在古代，编户齐民是体现国家有效治理的重要标志。那么在当代，偏远少数民族地区仍然存在着国家有效治理的问题。比如作为国家治理基础的人口信息，以及各种证件的办理。至少在10年前，因为当地人的经济活动范围基本局限在本乡镇和县域的范围内，除了应征入伍和招工，很少有人口跨县流动。与此同时，新农保和新农合这样关系到国家基础性权力的事项还没有开始，许多人都没有办理身份证，当然户口本是许多家庭都办理了的。与身份证相类似的是许多夫妻没有办理结婚证，只在最近几年，因为国家一些惠农政策，需要提供夫妻关系的证明，许多人才补办了结婚证。例如，洛朗村的村党支部书记在2016年才办理了结婚证。

望谟县人均GDP在全贵州垫底，其他几项能够体现经济发展水平的指标也排在倒数。麻山镇是整体需要易地扶贫的乡镇。自从开始脱贫攻坚以来，这

① [印度]阿马蒂亚·森：《贫困与饥荒》，王宇，王文玉译，北京：商务印书馆，2017年，第5页。

几年国家投入麻山镇居民的中央转移支付资金达到人均3万元左右，但在易地扶贫动员过程中出现了两难。按照政策，只要是精准贫困户，每人补助3.5万元用于在安置地购买人均不超过20平方米的公寓房，按照安置房的报价，几乎等于是政府送给搬迁户一套住房，同时还承诺在安置点附近解决一个人的工作，原有的坡地以及承包地还归拆迁户所有。但条件是原有的旧房子必须拆掉，同意搬迁的要签订拆旧协议。动迁的对象包括精准贫困户和住房附近存在地质隐患的农户。搬迁户在安置点居住之后的就业问题尚且不论，仅就拆旧房这一项，就引起了许多动迁对象的犹豫。原因之一是，现在的房子可以说是许多动迁户最重要的财产。许多精准贫困户的家庭或者需要避灾搬迁的农户旧房，是他们花费了打工几年赚来的钱，花费了九牛二虎之力才建起来的，让他们拆掉旧房，他们不愿意。原因之二是，许多动迁对象的基本生活离不开土地。动迁户的田地大多位于老宅附近，虽然耕作条件差、产量低，但也是他们基本的生活保障，可以保障他们基本的温饱，居住在老宅还可以发展庭院经济，养猪和养鸡等是家庭开支的补充。需要动迁的农户，大部分分布在交通条件差、自然村寨基础设施差的高山片区，如果拆掉了老房子，脱离了原有的居住和生产半径，他们很难再从事农业生产，也就意味着失去了基本的生活保障。

(二)生活结构：考察转变生活中社会适应问题分析工具

“生活结构”(life structure)一词常常在心理学和社会工作学领域中运用。耶鲁大学心理学教授列维逊(Daniel Levinson)曾经于20世纪70年代末80年代初建立了一种综合性的“生活结构理论”，用以考察成年人的成长轨迹及其影响因素。这一概念在心理治疗学和发展心理学中非常有名。与社会学中常用的“社会结构”不同的是，生活结构主要侧重于微观个体的日常生活构成，即构成了人们日常生活情境的各要素之间的组合。这些要素不像“社会结构”所包含的内容那样相对宏观、抽象，而是具体的、可感知的，且与个体日常生活世界息息相关的东西，如个体的人生信仰、精神生活、社区归属、邻里关系、社交活动、家庭构成、工作单位等，都是生活结构的重要组成部分。尽管生活结构是相对微观层面上的，但与社会结构相关联的是，个体生活结构无论差异有多大，其最终也是被社会和自然环境所形构的。因此，生活结构受制于社会结构，并由宏观上的社会环境来决定。[①] 之所以用生活结构而不用生活模式或者生活方式来表述，是因为在我们日常交流语言中，对人们生活所发生的变化一般用生活

① 文军：《城市化建设与居民生活结构的未预期后果》，《重庆社会科学》(创刊号)2004年第1期。

模式或者生活方式的改变来描述人们生活某个方面的改变，而在具体的运用中，用休闲生活方式、娱乐生活方式等。以上两个词缺乏学术用语的规范性，虽然耳熟能详，但概念内涵较为模糊。而生活结构概念因已经有人在不同的研究领域有所运用，是一个较为成熟的概念。生活结构的概念企图建立一个立体的多维度的系统性分析框架，用以分析变迁社会中人们生活的适应性。

此外，之所以用生活结构而非生活模式或者生活方式，是要强调一定生活世界中人们生活的稳定性、各生活要素的相互约束性以及各要素之间的结构性关系。既定的生活结构含义里有影响人们正常生活的"规则与资源"。

既定的生活结构是一个整体，既定空间内的长期生活形塑了既定的生活结构。在一定空间内生活多年(可能是几辈人)的居民，已经养成了既定的思维模式、行为习惯和心理特征，不管在外人看来其生存环境是好是坏。关键是他们在既定的生活环境中形成了既有的社会组织生活、社会关系和生产关系。既定的生活结构所包含的各个部分具有逻辑关联性和相互适应性，为实证研究提供了具有可操作性的概念工具。

长期以来，规划性变迁对居民个体日常生活结构的影响被基层执政者熟视无睹、忽视和压制。这种熟视无睹对于移民搬迁中的贫困人口会造成更大的打击。异地扶贫搬迁中动迁户大多是贫困家庭，调适能力和适应能力本身就比较差，易地扶贫搬迁几乎是重构了他们的生活结构。"不仅有居民赖以生存的社会资源的改组，生活成本的增加，以及邻里关系的中断等这些可观察到的损失，而且还有社区归属感的丧失，心理认同的弱化，以及对未来前景的迷茫等。"[①]"初级社会关系对普通居民来说意义是十分重大的，它不仅是一种重要的社会资本，而且对文化与心理认同起着非常重要的整合功能。"[②]生活结构作为一个较为微观层次概念，可以与社会结构概念相对照。在对移民的研究中，生活结构的概念可以将空间区位的变动链接起来。

自然寨不仅是一种物理空间，更是一种社会生活空间，同时也是文化空间。从区位学角度而言是人与人，人与环境长期互动的结果。这是一种人与环境长期互动而形塑的生活结构，宅于此地，长期以这种生活方式生活的人，实际上习得的是一种文化模式。这种被习得的已经内化到他们骨髓的行为模式不会因为居住空间的改变而轻易改变，这一行为模式的底本是其基本的生活结构。实现易地扶贫本质上是生活结构的改变。搬迁之后，自然寨中的居民从原初丰裕

① 文军：《城市化建设与居民生活结构的未预期后果》，《重庆社会科学》(创刊号)2004年第1期。

② 文军：《城市化建设与居民生活结构的未预期后果》，《重庆社会科学》(创刊号)2004年第1期。

社会的类似于采摘经济的生产方式中摆脱出来，投入到必须使劳动力商品化的生产方式中，如何适应是首要问题。

自然寨中的生活结构有五个方面的特点非常突出：一是具有“原初丰裕社会”采摘和狩猎经济的自给自足式的生产结构；二是具有“不产生经济效益”的通过帮工、互助和自造来实现的基本生活条件；三是闲适、自由，多少有些懒散的生活节奏；四是自然村寨内的社会生活是建立了一个村落共同体性质的基本社会单元，在自然村寨范围内存在守望相助的社会支持系统和有效解决纠纷矛盾、惩罚越轨者的社会秩序维持机制；五是自然村寨为公共生活提供了基本空间，自然村寨范围内的共同信仰纽带（五谷大神等地方神），不断的再生产和建构集体的认同，集资投劳改善生产生活条件，共同参与个体家庭的红白喜事，分享喜悦和哀悼亡人，都表明自然村寨的空间具有一定的公共性。

动迁之后，以上五个方面的基本生活结构或者消失，或者受到毁灭性的打击。动迁对象首先忧虑的是生活成本的增高以及随之而来的收入来源问题。他们会失去基本的生活保障，而过去这种生活保障可以通过简单劳作和较短的居住与耕作半径较为“轻易地”获得。没有了庭院经济，没有了粮食和其他生活必需品的自给，家计生活中增加了一部分现金支出。而与此同时，在“原初的丰裕社会”中可以自由使用的劳动力则出现了闲置，劳动力必须在市场上实现其价值，获取收入用于支出所有的家庭开销。“原初丰裕社会”的生活结构被打破之后，动迁户将被裹挟进讲究经济效益的市场社会和消费社会的生活结构。要维持基本的生活，必须有相应的就业市场。

从政府角度讲，动员搬迁是综合各种因素的较优选择。“空间再造”是表象，基本生活结构的改变是实质。望谟县之所以将易地搬迁作为扶贫的主要措施，是因地制宜综合考虑扶贫投入成本和效果的较优选择。大多数贫困村寨地处高山片区，贫困村寨的贫困人口也居多，交通不便，人居环境差，耕作条件差，解放后，因为人口的增长已经出现了过度开荒的问题。如果就地扶贫，首先必须解决的是“通水、通电、通路”的基础设施建设问题。高山片区的自然村寨人口密度很不平衡，有的自然寨只有 20 多户人家，有的则有上百户，如果无论人口多少，都实施“三通”的基础设施建设，需要很高的资金投入。通水方面，几乎所有自然寨在过去十多年中由村民投资投劳，加上政府的材料补贴，已经基本解决，所存在的问题仅是日常维护问题。通电方面，在国家电网改造过程中，基本上已经解决。而要就地脱贫致富，首要的问题是修路。“要想富，先修路”，改变交通条件是扶贫的重要前提之一，修路改善交通条件是扶贫工作中的首要问题。

洛朗行政村最为偏远的两个自然寨，地处离中心自然寨20公里左右的高山上，有一半的通组路已经硬化，还有10公里左右的通组路尚是土路。在精准扶贫中，洛朗村是省发改委驻点的村，下派有驻村的扶贫干部，驻村的扶贫干部正在向发改委申请剩下一半通组路的建设资金。10公里左右的通组路，预算至少得2000多万元，这尚不包括转户路的硬化。洛朗村是距离县城只有5公里左右的城郊村，近两三年也只有一半的自然寨的通组路得到了硬化。洛朗行政村的洛朗自然寨硬化了自然寨内的转户路，但其他自然寨内的转户路仍然是土路。此外，如果要改变耕作条件，由自然寨民居通往临近山坡地的生产路也需要硬化。通组路、转户路、生产路都硬化的话，资金的投入等同于无底洞。

仅仅一两个村民组的通组路就需要2000多万元，如果全县所有的自然寨都修通和硬化通组路，财政投入显然是无法负担的。而如果对这些本来就居住在不适宜居住，存在地址隐患，生产生活很不方便的地方的贫困人口，进行“空间再造”式的易地扶贫，将用于改善居住地基础设施的就地扶贫所需的资金改用于易地搬迁的安置房以及相关配套设施建设，不仅节约资金，而且也有较好的扶贫效果。很显然，这是政府将易地扶贫搬迁作为主要扶贫措施的原因所在。

除了可以较少的投入获得较明显的扶贫效果之外，易地扶贫搬迁还有许多好处，如可以降低贫困家庭的教育支出。安置房选址在望谟县城或兴义州的开发区，实现易地搬迁之后，基本上意味着实现了村民的城市化。对动迁对象而言，是降低了子女就学的成本。在有些干部看来，反正现在大多数年轻人常年在外打工，家庭的主要收入也不在农业生产方面。从整体上来说，如果实现了易地安置，生活条件和生活环境会得到彻底改善。

然而动迁对象却有种种的忧虑：

首先，动迁对象忧虑的是生活成本的增加，几乎所有的生活用度都需要用货币支付。如果仍然生活在村寨之中，用水、生活燃料基本上不用开支，不仅粮食可以实现自给，加之“庭院经济”的贡献，肉蛋奶等高质量的食物也可以实现自给。动迁之后，虽然原有的土地承包关系可以保持不变，但是旧房会被拆除，庭院经济基本上不复存在，耕作半径的改变使得继续从事农业生产基本不可能。

其次，忧虑生活方式的改变。现如今，虽然大多数农户都建了砖混结构的平房或者楼房，许多家庭还建了专门的厨房。然而，让人不解的是，一些家庭的厨房里用上了电磁炉和煤气灶，但是仍然留有专门的火塘，每家的厨房里少不了一个通体漆黑的水壶，而几乎每家的厨房天花板和墙壁都被烟火熏染得漆黑。时至今日，无论是老年人还是年轻人仍习惯在火塘里烧水，甚至煮饭。从实用和经济角度而言，在火塘里用柴火烧水煮饭，柴火是取之不尽的免费燃料，减少了燃料的支出；从美味的角度而言，用柴火炒的菜，煮的饭，口味上乘。这也是今日城市人需要付高价才能享受的烹饪方式。一般的火塘上方会吊一个铁架子，是熏制腊肉的地方。地处深山的村寨里，冬日里夜黑风高，长夜漫漫，苦寒难耐，火塘不仅用来烹饪，也是冬日里很好的取暖设施。除了以上的实用功能之外，火塘也是家庭里的公共空间，是聚众聊天、喝酒闲聊的最佳场所。如果迁居到公寓式的楼房里，以火塘为代表的生活方式将荡然无存。

用火塘是布依族人乃至贵州人一种顽固的生活方式。一次笔者在浙江一处贵州打工者聚居的城中村调研，令当地的管理者头痛的是，这些贵州打工者用柴火炉子（火塘的变异）成为一个治理难题。从外显的生活习惯上，可以通过背篓和柴火炉子来识别贵州人。

如果说以火塘为代表的生活方式改变可以慢慢适应，那么社会交往方式和社会关系的断裂则会让动迁者产生“拔根”之感。红白喜事是全寨人参与和分享喜悦的准公共事件，自然寨中的红白喜事是建构和维系亲缘和地缘关系的重要平台。现如今，每个布依族人自然寨中的红白喜事从来没有在酒店里举行过，即使事主身份是公务员、教师或者医生，婚礼也一定要在自然寨中举行。通过红白喜事中的人情往来和互助合作，奠定了生活在自然寨中人的基本社会支持网络的基础，是人们存在感的重要表征。

我们说自然寨中的红白喜事是一个准公共活动，是因为一场婚礼不仅是个体对自然寨社会的一种宣誓，其公共性主要表现在全寨人的共同参与。首先，全寨人不分亲疏远近，每家都要有人去事主家帮忙并送人情；婚礼的前两天寨子里就热闹了起来，杀猪宰牛打糍粑，如同过节一般热闹。其次，在新娘入洞房的当天晚上，主家会请当地山歌能手唱山歌，从晚饭时一直唱到天亮。唱山歌一般在事主家的厅堂里进行，届时厅堂内外围坐满了人，厅堂里面坐的是老者，厅堂外面是年轻人。山歌一般会请两队男女对唱，听众们一边听，一边品评聊天。与汉族地区的放电影和唱戏一样，布依族婚礼中的唱山歌，无疑是村庄中私人举办的公共文化活动。再次，在婚宴当天，事主家除了宴请帮忙的邻居和送人情的亲友之外，还会给自然寨每一户人家送一桌酒菜，表达让全寨人分享喜悦的盛情。最后，红白喜事作为自然寨中的准公共活动，特别是红事，不仅有本自然寨的人参与，还有从别的自然寨来的人。这样的喜庆场合，向来是青年男女相识相恋的重要场所。受到自然地理空间限制，自然寨很少有平坝，规模较大的酒席排摆不开，婚礼宴请当天，远道而来的宾客会被安排在左邻右舍家休息和吃酒席。这样一来，在宴请当天，其实左邻右舍的厅堂里也会宾朋满座。总之，红白喜事这样的公共事件只有在自然寨的公共空间中才能举办，也才能充分地表达其本身的意义。

许多动迁对象忧虑动迁之后再也不能很方便地参加邻里和亲友的红白喜事了。从以上我们对红白喜事所承载的内容来看，动迁对象所忧虑的不是参加红白喜事走亲戚串门那么简单。从政府的角度讲，现在交通条件越来越好了，动迁之后参加红白喜事走亲戚只是增加了一些路程。而动迁对象忧虑的是自然寨中的生活方式变得不可能。如果动迁对象安置在了公寓楼里，红白事必然在酒店里举行，不仅增加了事主家的成本，而且其性质完全变成了私人事件。左邻右舍大家齐心协力杀猪宰牛，厅堂里的山歌对唱，家家户户宾朋满座的盛况，在动迁之后的公寓里基本是不可能了。

政府也考虑到了自然寨是村民基本的生活单位，在动迁户选房时让同一自然寨的人尽量住在同一个单元楼，企图能够保持原有的邻里关系。但问题是除非是整寨搬迁对保持原有的邻里关系可能还有现实意义，实际上动员易地搬迁的过程中，只是每个自然寨中个别农户同意搬迁。最为关键的是，原来居住在同一自然寨的人并不是简单地居住在一起，而是因为有过公共生活的可能而居住在一起。自然寨中单家独户的居住形式，每家的门是可以随便进的，同时在每家的房前屋后有许多方便人们进行公共生活的空间和设施。在这些设施中，随处可见的是用土灶支起的大铁锅。铁锅大多数时候是闲置的，但却必不可少。过年时用来杀年猪，平时用来酿苞谷酒，红白喜事时用来杀猪宰牛。可以说门前屋后的铁锅是必不可少的生活设施，不仅代表着人们低成本的生活方式，也是人们公共生活的标志。如果要在公寓楼的小区里设置土灶大锅，与在公寓楼里生火塘一样，基本上是不可能的，因为土灶大锅同样是要烧柴火的。

进行易地扶贫搬迁时，政府若能考虑到村民公共生活的需要，在安置小区里配套这些能够方便村民从事公共生活的设施，也许能够减轻他们搬迁之后不适应生活的痛苦。很显然，这几乎是不可能的，住进了公寓楼表面上是空间再造，根本上是生活结构的改变。与原来的高山村寨相比，公寓楼在“三通”等基础设施上得到了完全的优化。按照易地扶贫搬迁的政策，农户搬进了新居，基本上不可能再从事山地农业，意味着基本生产结构的改变，原来“丰裕社会”中自给自足经济没有了实现的可能。他们的生活结构将在市场社会的环境下得到再造，劳动力与土地等生产资料的脱离，意味着生产关系被彻底改变，劳动力从土地上被解放出来，获得了完全的自由，但必须通过出卖劳动力赚取生活所需，并供养家庭。要能够实现劳动力自身再生产和家庭再生产的前提是劳动力要有就业市场，这是生活结构彻底改变之后需要适应的首要问题。

以望谟县的情况来说，在易地扶贫过程中，动迁户最为忧虑的是搬迁之后的生计问题。望谟县易地扶贫搬迁的安置点选择在县城或者兴义州的开发区，选择县城的居多。因为交通不便，除非是在县城方圆10公里内村寨的动迁户，如果从县城到村寨的道路实现了硬化，从村寨到田地的生产路也得到了硬化，搬迁到县城安置点的农户还有可能继续从事农业生产。但对于大多数离县城较远的动迁户来说，无论村寨中的旧居是否拆除，已经没有可能再从事农业生产了。居住在村寨中，从事自给自足的农业生产，基本上可以解决吃饭问题。即使是中青年劳动力外出打工的家庭，其家庭经济也是依靠两条腿支持的，家庭经济收入呈现出“半工半耕”的结构。虽然在望谟县受到地理条件和土地资源的约束，“半耕”的部分不能增加家庭的货币收入，但是留守在家的老年人仍然可以通过农业生产和庭院经济实现部分生活必需品的自给。如果失去“半耕”的依托，意味着失去了家庭经济中自给的部分。原来可以自给的部分生活必需品需要通过社会化的方式从市场上购买，原来可以自给的部分生活必需品转变成了家庭货币收入的压力，意味着家庭生活必需品的完全社会化。大多数动迁户都不再可能从事农业生产，这种社会化的成本只能通过非农就业来支持。

据了解，大多数意向搬迁的农户希望安置在望谟县城，这也就意味着他们要在望谟县城实现就业，而望谟县城能够提供的就业机会十分有限。县城除了承担政治和文化中心的职能之外，是一个典型的消费性城市，无一家规模以上企业，是外来商品的集散地。之所以说县城是外来商品的集散地，是因为本地基本上没有什么企业，能够参与跨区域商品贸易的就只有农产品，但至今望谟县并没有发展出能参与跨区域市场的农产品，因此，县城的批发零售大部分是外来的工业成品以及部分农产品。整个县城的建设基本上没有什么规划，走在县城的大街小巷里，除了小商铺、小饭馆、理发店就是旅馆，以及居民自建的多层小楼。县城的商业基本上只能满足人们不可自给的生活必需品的购买以及卫生、医疗和其他生活服务的需求。随着2015年年底第一条高速公路的开通，望谟县建成了第一个工业园区。现在入住园区的只有一家农业企业，主要从事板栗深加工。望谟县曾经有两个规模以上农产品加工企业。早些年望谟县有一家糖厂，但因为设备落后和经营不善，很早就倒闭了。此前，望谟县还有一个桐油加工厂，随着桐油市场的萧条，也很早就倒闭了。

为什么旅馆特别多？原因是县城是村寨里打工者外出和返乡的中转站。居民自建的多层小楼多出租给陪读家长。因为撤点并校后，在县城上学的小学生和中学生需要家人陪读。

经济发展水平的落后，也就意味着劳动力就业机会有限。易地扶贫的政策里，政府承诺一户给安排一个人就业，至于这个就业岗位的收入是多少，政策文本里没有明确，也不可能明确。如上所述，望谟县城是个消费性的城市，没有规模以上企业。动迁户大多数是贫困户，家庭劳动力的素质本来就低，他们非常明白易地扶贫政策所承诺的就业机会无非就是保洁或者保安等收入低的工作岗位。在宣传政策时，有动迁对象就说，不关心安排一户中一个人就业，而是要求政府承诺可以保证一个人每个月有多少收入。

五、封闭和独立的村寨治理

自然寨是一个基本的人情圈，也是一个合作与互助单位，同时也是基本的通婚单位，具有共同的信仰（五谷大神），外来户也参与人情。地方社会利益稀疏，而村庄中的密集的人际关系为较好的合作与互助奠定了基础，人情稠密，所谓的“金钱如粪土，情义值千金”。自然村寨是基本的治理单位，也是在简约治理中可以实现有效治理的治理实体。每个自然寨在人民公社时期都是生产小队，分田到户之后，有些自然寨有集体资产。

村民在自然村内部是低度分化的，其认同单位在自然寨之内，地域认同整合了姓氏，从而促成了合作与互助。当地的纠纷和矛盾可以在自然村寨内解决，当地人认同村组干部作为纠纷解决的第一责任主体，如果村组干部解决不了的，才会请派出所介入。

一个自然寨是一个基本的人情圈，构成了村民初级社会关系的基本格局。受到交通条件和语言文化的阻隔，自然村寨是比较封闭的。虽然不能用与世隔绝来形容，但是产出品的商品化程度较低，生活必需品的自给程度较高而社会化程度较低，与外界的经济交通较少。即使在打工经济兴起的这几年，外出打工者带回了资金，以及较为现代的生活用品和生活方式，但是，迄今为止其通婚时仍然会选择传统的通婚圈。人们对亲戚关系中“当亲”（以直系表亲为主）非常重视，其重视的程度可以从外出打工者中断打工，返乡参加表亲的婚礼中表现出来。

（一）自然寨中的人情具有很强的仪式性

自然寨是一个基本人情圈，相比自然村庄的人情圈是建立在朋友、亲戚等个别性关系基础之上的，自然寨作为一个人情圈具有地域上的公共性。自然寨农户的红白喜事，寨中每家每户都必须参加。近几年来，“赶人情”的礼金已经从原来的30～50元，上涨到100元。总体来说，人情的礼金不算重，随着物价上涨而逐年增加。乡村社会中人情的事由基本上围绕着个体的生活事件而展开。从原初意义上来说，其具有很强的仪式性，在乡土社会日常生活中，具有人们建构社会关系，维持社会团结和凝聚力的重要功能。自然寨中人情的事由并不频繁，集中在出生、结婚、死亡等三个重要的人生事件上。虽然老年人的家庭地位和社会地位较高，但作为一种民族传统，布依族人不为老人过寿，即使在家庭内部也不会特别为家庭成员过生日。近年来作为人口流动所习得的一种植入文化，一些年轻人会在小孩子生日时买蛋糕，给小孩子过生日。相比结婚和死亡，小孩满月时的人情范围非常小，只限于姻亲和直系宗亲范围内。人情的频次不高，礼金的多少也与经济发展水平匹配，没有产生异化。

一般来说，外出打工的人，虽然不能断了家乡村庄社会中的人情往来，但也是通过由亲友代替的方式来维持，即使是表亲这样的“当亲”结婚也可以通过代替的方式“赶人情”，除非是自己的兄弟姐妹结婚才有必要返乡。而在当地，“当亲”结婚是随礼者必须亲身在场参与婚礼全过程的，这是一种必须做的“地方性共识”，亲身参与比礼金更为重要。这一点也体现在全寨人都参与红白喜事的过程中，杀猪宰牛，准备酒席菜肴，打糍粑，观看结婚仪式，向新娘讨要红包，参与对歌表演，同喜同贺、分享喜悦的氛围抵消了近年来逐渐升高的人情礼金。

不同姓之间的通婚凝聚了自然寨内部的社会连接。大部分自然村寨是杂姓，即使是一姓独大的自然寨，对外姓也不排斥。村庄中的杂姓有两个来源，自然迁入和入赘。迁居到自然寨较晚的村民通过自然寨范围内的人情和异姓通婚的方式逐渐融入自然村寨。在入赘婚姻中，不要求子女必须随母亲姓。自然寨中上门女婿家庭中堂屋正墙的祖宗牌位里会带两个姓氏，在清明等祭祖活动中也两姓并祭；三代之后，上门女婿的家庭会回归原祖，只挂上门女婿的本姓。如此祭祀和敬祖的制度与自然寨的异姓通婚结合在一起，使得自然寨内姻亲和宗亲关系错综复杂，“全寨人都是亲戚”。由姻亲和宗亲所构成的亲属关系多有交叉，每一个家庭都是某些姓氏和宗亲所组成的亲属关系的交叉点。

具有公共角色身份的是“寨佬”和积极分子。老年人的地位较高，60岁之上的男性都可以称之为“寨佬”。那些当过村干部的“寨佬”，虽然已经“退休”，但仍然积极参与寨子里的公共事务，介入寨子里的纠纷解决，特别是近几年逐渐增多的山地纠纷。一些曾经担任过村庄主职干部的“寨佬”或老党员对自然寨的公共事务非常关心，同时也充任村民红白喜事中的知客。比如，对能否让他们觉得优秀的本寨人当选村干部非常关心。每到换届选举时，他们会物色村干部的人选，同时他们也是民意表达和对村干部进行舆论监督的“意见领袖”。“寨佬”可以看作具有村落传统权威色彩的公共人物，而个别普通党员和一些“好事”者也以不同方式关心村庄事务，成为村庄公共事务的积极分子。他们会针对村干部的不轨行为和基层政府的不规范的做法写上访信或者直接到相关部门反映。在自然寨的公共事务上表现积极的“寨佬”和积极分子是典型的非体制精英，他们处理纠纷，筹办公益事业，参政议政。他们的行为是以自然寨的公共性为基础的。

自然村寨具有明显的熟人社会特性。如上所述，因为自然村寨内较为密集的亲属关系节点，“全寨人都是亲戚”，自然寨的熟人社会，不仅仅是生活在固定空间中的熟识，低头不见抬头见，还有每一个人对每一个家庭乃至个人状况的了解。在此基础上，这里的熟人社会还要加上直系亲属关系和扩展了的亲属关系。

自然寨是典型的“村落共同体”，至少体现在三个方面。

第一，基于地域社会的共同信仰。每个自然寨都有村寨的守护神，且有固定的祭祀仪式。每个自然寨的神庙里供奉的“神”可能不一样，不过基本上每个自然寨都有自己的神庙。在洛朗自然寨，“五谷大神”是寨民们的共同信仰，每年农历六月六日，全寨每户都要派一个男子参加的祭祀仪式，3年一次要到附近的山上去请“五谷大神”。随着越来越多人出去打工，春节过后，一些即将要外出打工的人临行前要去祭拜村寨里的神庙，祈求神灵的保佑。“五谷大神”所代表的自然寨的守护神，建构了自然寨的共同精神纽带。

第二，自然寨的村民有一致行动能力。为了改善基本的生产生活条件，在自上而下供给不足的情况下，自然寨村民要么以投资投劳＋政府补助建筑材料的形式，要么以“一事一议”的形式修桥补路。自发的公共品供给显示出，以家户为基础的自然寨不仅可以达成公意，而且可以转化成具体的行动。这些集体行动一般都由自然寨中的村民小组长或积极分子带头。

第三，自然寨有“村落共同体”意义上的公共性，有基于地方性规范基础上的村规民约和纠纷解决的机制和能力。一般来说，家庭纠纷比如婆媳矛盾、夫妻矛盾和养老矛盾等首先是在家族或者直系亲属圈内解决，其次会请村组干部调解（比如夫妻矛盾到了闹离婚的地步）。在自然寨内部对越轨行为可以进行公共惩戒。比如许多自然寨对小偷小摸的惩罚，如果坐实了小偷小摸的行为，不仅可以让小偷赔偿失主损失，而且还会有相当数额的罚款，以请全寨人吃饭的方式施以惩罚，并在大会上发表道歉声明，承诺不会再犯。对于此后偷东西的行为也做同样的处理，随后这种做法成为一种村规民约。对小偷小摸的惩罚，村组干部可以介入全过程，由此可见其完全可以充任“守夜人”的角色。

综上所述，自然寨具有封闭和包容的特性。作为一个村落共同体，自然寨是地域性认同的村落共同体。其地域性体现在一方面是相对封闭，另一方面对于外来户又是包容的和开放的。所谓封闭指的是以自然寨为基本范围的通婚圈，以及基于血缘和姻缘链接而成的密集的亲属关系网络；其开放性表现在对上门女婿和外来户的相对包容。

十多年前，望谟县为了发展当地经济进行产业结构调整，招商引资建设了一个糖厂，主要加工蔗糖，采取“公司＋农户”的形式动员全县农户种植甘蔗。最初几年因为甘蔗产量大于糖厂的消化能力，导致收购款不能及时到位，不能保障全部收购等问题，第一年就出现了许多甘蔗烂在地里的情况，许多当地农户就没有了种植甘蔗的积极性。而糖厂还要办下去，当地政府于是从生存条件更差的外县动员了一批农民到望谟县一些乡镇租赁山地种植甘蔗。于是，与全国相比生存条件很差的望谟县的一些乡镇和村寨竟然出现了一些流动农民，当地自然寨的村民称这些人为外来户。这些外来户可以看作当地移民群体，经过十多年，有些地方已经形成了外来户的聚居区，有些外来户则直接在租赁山地的边上建设了永久性的住宅，一些外来户也将户口迁移了过来。除了这些制度性的融入之外，这些外来户通过参与本地自然寨村民的红白喜事和与当地人通婚的方式逐渐融入本地社会关系网络。

相对的封闭与包容看起来是矛盾的，但其确有内在的一致性。一致性主要表现在自然寨是一种地域性的“村落共同体”，与宗族性村庄的基于纵向的宗亲关系构成的“血缘型”村落共同体的极端排斥外来户不同。在望谟县的自然村寨中，只要没有民族的差别，自然寨的外来户很容易通过通婚和日常生活中的红白喜事的交往融入自然寨社会。而在宗族性村庄中，纵向的宗姓血缘关系一方面建构了强有力的村落认同，另一方面对外姓和外来户（上门女婿）有很强的社会排斥。

（二）有效的治理实体和治理黑洞

自然村寨有很强的独立性，加之自然村寨因交通不便而产生的相对区隔性，作为一种行政设置的行政村及其村级组织缺乏强有力的整合能力。现任村干部多从本自然寨的村民小组长做起，在自然寨的熟人社会内部有一定的权威，其本身对本自然寨各家各户的情况也比较熟悉，可以成为本自然寨治理需求的表达窗口，也天然地在自上而下的政策执行中维护本自然寨村民的利益。

洛朗村现辖7个自然寨，由原来的洛朗行政村和过耐行政村合并而成。因为每个自然寨的大小不同，少的30余户，多的100多户。从减少村干部职数的角度，规定只设5个常务干部和5个村民小组长，并有相应的补贴。作为行政设置的村民小组原则上应以自然寨为基本单位。这样的设置不仅不能够保证每个自然寨有村干部，也不能保证每个自然寨都有村民小组长。只有本自然寨的人对自然寨的情况比较了解，对各家各户的情况也比较了解，也最有可能代表本自然寨的利益。本自然寨的村民担任村民小组长才有可能成为有效治理的抓手。也因此，许多村庄都结合实际，在每个自然寨中都设置一个村民小组长。考虑到管理幅度的问题，最大的洛朗自然寨被分成了两个村民小组，5个村民小组长的补贴由8个村民小组长平分。

村民小组长的报酬很低，比村干部的半正式治理色彩更强。首先，小组长是完全不脱产的，无法进行工作考核，其工作的负责程度完全取决于个人的责任心。常务干部的设置也有较为明确的分工，虽然他们也会集体参与重要工作，但是相比之前，其专职化更加突出。如果哪个自然寨没有人担任村干部，且村民小组长责任心不强，行政村的村干部也不可能实质性地在意这个自然村的治理。因为“天高皇帝远”，村干部对自然寨的事情不熟悉，这样就有可能造成治理黑洞。要填补这个治理黑洞，一些自上而下的行政任务的执行，就要由包村干部来做。这样做的问题是，虽然有基层政府的包村干部“一竿子插到底”地参与自然寨的直接治理，但是包村干部关心的主要是“新农合”“农保”的参保率，对于自然寨自下而上的内部需求不可能积极回应，也没有应责的权力。其积极意义仅在于让国家治理不留死角。

由于自然村寨以上所述诸种封闭和独立的特点，使得行政村的村级组织的行政能力和自治能力都比较弱，而且村干部工作的积极性较低，基层政府的行政延伸比较长，国家建构的色彩比较浓厚。

六、如何理解农民贫困

(一)到底什么是贫困？

消除社会中的贫困是要减贫还是减支出？要理解贫困发生机制中的这些

问题,必须从理解贫困的起因开始。

所谓贫困是处在原初丰裕社会生计结构中的人口,从自给自足经济中的劳动者,变为雇佣劳动力,获得工资性收入,进入工商资本主义主导的消费社会过程中而凸显出的贫困。从自给自足的生存经济中进入消费社会后,经济生产的结构没有改变的情况下,支出却增加了。例如,生活用品的商品化和社会化,孩子的教育支出,撤点并校所带来的求学费用的增加。从表面上看,是电器使用的普遍化(电磁炉、冰箱和洗衣机),厕所的改造(有了抽水马桶、电热水器),房子从茅草房到砖瓦房、砖混结构的平房以及楼房。

缺乏竞争的文化,也是造成贫困的原因之一。不像竞争性社会中,发挥自身劳动力潜力,提高劳动力的使用效率,当地人的生产经营行为是很难谈得上效率的。从他者的眼光来看,看到的是"闲适的生活",缺乏竞争能力,也缺乏竞争意识。我们在中西部农村观察到,因为沉重的代际压力和家庭压力,社会竞争较为激烈,有一种打工文化。对成家立业者来说,打工是挣钱,对年轻人来说,打工是必要的人生历练,如果年轻人留在家里是受到鄙视的。

农业生产方面,水田较少,而较多的山地则是非常粗放的经营,几乎类似于采集经济。虽说靠山吃山,但山地耕作条件差,产出少,当地人还没有学会从山林经济中获得经济效益。比如,种植经济林木的很少有资金投入,技术的投入更是谈不上,因此也谈不上经济效益和经济积累。以最为常见的板栗种植来说,自从栽种之后,很少有管护,最多只是保证成活率,清除林中的杂草,挂果之后,每年去捡板栗就可以了。捡板栗完全是石器时代的采集经济,家中的老人和上学的孩子是捡板栗的主要劳动力。捡来的板栗变卖之后会成为小孩子的零花钱和老人自用钱。由此可见,经济林木的种植在家庭收入中的贡献较小。

无论是半工半耕还是从事山地农业加本地兼业,都是一种"低度生产"。打工对家庭经济的贡献有限。当地的打工经济兴起较晚,加之人力资本的弱势,他们进入的是劳动力市场的低端,基本上靠出卖体力而谋生。其打工的特点是返乡周期较短,以年为时节,进入得晚,退出却早。他们所呈现出来的贫困是生存经济中收入结构与宏观社会中的收入与结构的比照而体现出来的贫困,是在社会转型过程中生产力水平与生活成本失衡的一种表现。农业收入可以维持基本的温饱,但无法应付教育和医疗的负担;土地经营没有经济效益,如种香蕉每亩收入才几百块钱。

当地的房子很少装修,也不像河南农村常见的那样外面贴上瓷砖,让房子看起来富丽堂皇。烧饭用柴火,衣服自己做,"有肉吃而没有钱花",打工每月收入两三千元。虽然义务教育阶段免除了学杂费，但撤点并校之后，小学、初中的学生都要住校；每个自然寨很少有幼儿园，要上幼儿园必须去镇里或者县城，如果不然，小孩子直接上小学必然会在启蒙方面吃亏。幼儿园学费半年得5000元左右，小学生虽然不用交学费，但租房子和吃饭也得半年3000元左右，初中生也是如此。除了这些花销之外，还得有一个人陪读，这对于一个家庭来说至少损失了一个半劳力；如果没有老人，就得孩子父母一方陪读，这就意味缺少一个中青年劳动力。

比较奇怪的是，当地人借钱非常容易，都不是数目特别大的借款，大多二三百元，少的可能100元，很少有超过500元的。借钱主要是为了应付日常的生活花销，或者是为了买柴米油盐，或者是为了"赶人情"随礼，过几天就还。所谓靠山吃山，稍微勤奋一点的家庭，都会有三四十亩山地，有的甚至有上百亩，但这些山地的经营非常粗放，很少家庭能依靠这些山地获得很高的经济收入。这些山地相当于农户的"后花园"，是庭院经济的一部分，所产大多用于日常生活开支，生产方式等同于石器时代的采摘经济，经济效益低，几乎不能产生积累，也不可能有扩大再生产的效果。

家庭生命周期而出现的经济紧张也会表现出来贫困。比如那些有子女在高中以上就学的家庭，因为劳动力的短缺以及家庭经济支出的负担较重而呈现出来的暂时性贫困。随着家庭生命周期的延展，这些家庭一般会较快地摆脱贫困。因为有教育方面的投资，这些家庭可以预期有较高的教育投资回报，有可能成为高收入家庭。

连片成块地方的贫困特征：首先，资源禀赋匮乏。当地产业结构单一，市场化程度低，从而导致缺乏农业之外获取收入的机会，参与大区域市场乃至全国市场程度低，不多的进入市场的产品是初级产品，经济效益较低。因为交通闭塞，经济整体上处在内循环的状态。其次，交通闭塞。20世纪五六十年代出生的人很少有外出打工经历，只有参军的或者少数在人民公社时期因为招工而外出经历的人才离开过县域。许多老年人甚至一辈子都没有离开过自己生活的自然寨，大多数老年人经年也不去县城。如果不是要照顾孙辈在县城读书，许多老年人只定期去集市。最后，贫困文化。生活在自然寨的农户生活中有三个第一——肉、酒、辣椒，这些都与吃有关，有酒有肉便是好日子。地方性文化中，经济行为与生活观念相关，风险意识差，抗风险能力低，生产行为较为保守。与中西部汉族地区相比，当地人的人生任务观念、家庭再生产能力、为了社会价值而努力赚钱的理念相对较差。望谟县的贫困是内生性的贫困，传统的生计模式、资源禀赋与当代中国的社会发展形势不相匹配。

(二)特殊的打工文化:“找钱”

当地家庭经济收入最为可观的是打工经济,一般来说,有劳动力外出务工的家庭很难成为精准贫困户。当地人的打工模式有很大民族习性特征,返乡周期呈现出既非候鸟式返乡,也非生命周期返乡的特征。外出打工以及从事其他的非农工作,在他们的口头表达中被称为“找钱”,与采集经济中的采集到每日所需的糊口资料就可以的逻辑相同。许多人过完民族节日“三月三”或者清明之后才外出打工,外出的时间一般为6个月左右,其间很容易因为亲友的红白事、家中建房等事件返乡。大多数人即使能连续外出务工,也是以获得自己认为的可观收入为目标,达到目标之后便返乡,只要打工收入足以应付今年的支出就可以了。有些打工者的目标完全是应付家庭的必要支出,比如建房、儿女的教育等。也就是说,他们通过自给自足的方式基本可以满足衣食住行,衣食住行之外的支出才有可能需要“找钱”,打工尚不是一种准职业选择。如同本地的劳动力雇佣一样,仅仅是自给自足经济的一种补充,是解决生计问题的多种选择之一。

当地40岁之上打工的人较少,受教育程度非常低。我们统计的一个村民小组,“80后”的75人小学未毕业,5个文盲,只有4名高中毕业生,5个完全初中,大多数人都是小学肄业,因为在这个村民撤点并校之前只有1～3年级的小学教学点。除了现在上大学的,高中生不超过10人。大多数人“务工”半年,多因为工作太累、受人气、气候不适应、家庭事件等原因而返乡。他们对出卖劳动力的打工表现出很强的不适应。当地政府在2005年开始介入义务教育,开始治理辍学儿童,但因为交通的原因,一些高山片区的村寨,政府治理触角很难深入,形成事实上的治理黑洞或者飞地。

如果从传统到现代的线性模式看问题,当地人的生活模式表现出很强的自主性,我们可以称之为传统吸纳现代的典型。

当地人的住房也随着时代的发展,从茅草房到土木结构的瓦房,到砖泥结构的平房,再到砖混结构的平房乃至楼房,体现着他们生活水平的提高。建房过程中,当地人尽量减少支出,在建材和劳动力的使用方面市场化的水平低。只要能自己干的尽量自己干,第一代的砖房基本都是自己烧的土砖,直到现在我们还可以看到许多家庭第一代房子是用比较厚的土砖盖的。家庭建房时很少雇佣施工队,最多请一两个瓦匠师傅,基本上都是自己建房,请亲友帮工,不给工钱。以建房为标志,之前种植甘蔗时期,当地形成了比较完善和发达的帮工体系。这种帮工体系无疑也降低了他们的“经济收入”，但却减少了经济支出。也就是说，即使有中青年劳动力在外务工，但是他们的收入是一边挣钱“两边花”。

家庭再生产的成本较低，因为基本上是在本自然寨或者临近自然寨通婚，找对象一般是年轻人自己的事。年轻人大多是在村寨的聚会中相识，征得父母的同意就可以了。因此，结婚的成本较低，彩礼不超过一万元，结婚至少会陪嫁等值的嫁妆。

代际关系较为和缓，父母不怎么逼孩子去赚钱，在外打工的子女可能因为各种原因而返乡。年轻人也大多缺乏竞争意识。在许多父母的观念里，有人带自己的孩子外出打工，在他们看来似乎是骗他们的孩子。当地缺乏一种打工文化，离开学校就外出打工尚没有成为一种社会性的规定。虽然当地人参与打工经济至少也有十多年了，但是似乎还没有发现劳动力的价值。他们也很不适应出卖自己的劳动力，每天在工厂加班到深夜，工厂里的劳动纪律极大地束缚了他们悠闲的天性，而在家则可以悠闲地从事农业劳动。

与在家的悠闲相比，在外打工无疑是遭罪的，不仅有人管理，要遵守工厂的纪律，还可能受到别人的辱骂和指责，生活完全身不由己。虽然可以得到在家乡得不到的钱，但是在家乡，生活完全是自主的，享有充分的自由。

自然寨是浓厚的人情单位，因为生计模式的传统习性，温情脉脉的关系成为一种保护性结构，为村民提供了安逸、舒适、闲散、自由的生活。政府也提供了一种保护性的结构，各种扶贫措施，特别是移民搬迁以及各种产业发展的措施，为他们提供了很大帮助。这与他们本身存在的生活观念相叠加，形成了一种依赖心理。政府很着急，而他们不着急。

第三章　乡村德治:成绩经验、主要问题与对策建议

我们在H省就农村精神文明建设、农村思想政治工作和乡村德治工作进行了实地调研。在全省选取23个县,每个县选取1个代表性乡镇和5个村,发放问卷4400份,回收有效问卷4021份。

德治的概念最早在春秋时期由孔子提出,其理论内核为用道德的方式实施感化教育,通过心理上的改造达到规范行为的目的。在新时期,德治建设是乡村治理体制现代化的基础部分。

党的十九大报告提出"加强农村基层基础工作,健全自治、法治、德治相结合的乡村治理体系"①。H省宣传部按《中共中央国务院关于实施乡村振兴战略的意见》中"提升乡村德治水平"的部署要求,将德治建设作为工作重点,主动将德治建设融入乡村治理体系构建之中。近年来,H省在提升乡村德治水平方面做了大量的工作,在很大程度上提升了乡村治理水平,解决了诸多问题,为乡村振兴战略的实施奠定了良好基础。

笔者调研后认为,H省的乡村德治建设工作在前一阶段取得了重大成果,德治水平得到了大幅提高,形成了可借鉴的经验。但同时也需要注意,当下既有的德治水平与乡村振兴所提出的要求在某些层面上尚存在一定的差距,在巩固既有工作成果的同时,部分工作仍需要进一步深入。

---

① 习近平:《决胜全面建成小康社会 夺取新时代中国特色社会主义伟大胜利——在中国共产党第十九次全国代表大会上的报告》,北京:人民出版社,2017年,第32页。

一、基本情况

当前H省的乡村德治现状可以从思想政治、精神文明、文明实践、组织实践、规范落实及设施保障六个方面进行概括。

(一)思想政治

H省在这一阶段的工作中继续保证思想工作引领的方针，充分发挥党建引领和党员示范作用，积极组织理论学习，并将社会主义核心价值观贯彻到乡村德治建设工作中，使德治建设方向明确、组织有力；贯穿抗疫、扶贫、人居环境整治等贴近群众生活的政策开展宣教活动，农村居民的“三个认同”和“四个自信”认识有了显著提升。被访农民中，有62%的人完全清楚或了解社会主义核心价值观的内容。

在抗击新冠肺炎疫情活动中，在党中央领导下，全国一盘棋，最直接地体现了中国共产党领导的优势，群众的组织程度、社会号召力，以及中国特色社会主义建设积累的强大国力，尤其是在与国外防疫情况比较后，极大地增强了群众的“三个认同”与“四个自信”。当前，农村群众生活幸福感普遍较高，高达91.7%的被访者认为自己的生活是幸福的。

(二)精神文明

H省的精神文明建设在思想道德和科学文化两方面均取得重要进展。

在思想道德方面，H省农村在前一阶段结合自身实际广泛开展了讲社会公德、守职业道德、传家庭美德、立个人品德的各类宣教、评选活动。另外，还结合实际开展了包括抗疫精神在内的各类主题宣传，将各类宣教融入新媒体、地方戏剧中。通过这些针对性强的宣传，有效地提升了农村居民的崇德向善认识，居民综合素质得到普遍提高。被访农民中，有75%的人愿意加入中国共产党，67%的人表示相信马列主义，79%的人关心国家大事、每天收看新闻联播，92%的人对当前农村社会稳定和治安状况非常满意。

在科学文化方面，在过去工作的基础上，H省农村居民的科学素养有了普遍提高。随着物质生活条件的极大改善，农民在科技、教育、文化、卫生、艺术、体育方面的意识均有不同程度的提高。看电视、看书或看报、学习文化知识、聊天、上网、听广播、下棋、跳舞或健身等是农民闲暇时间首选内容，比率分别是61%、52.6%、44.9%、41.0%、34.6%、21.8%、16.7%、16.7%。随着各级文化服务、科技与科普服务、健身体育服务等平台的铺开以及地方文化市场主体的生长，农民的需求在一定程度上得到了正确的引导与满足。

但是，随着农民收入及闲暇急剧增加，生活方式的剧变使得精神文明建设形势面临着较大变化。旧的精神文明建设方式无法覆盖群众日益增加的多元化的文化需求，互联网、智能手机普及和农民群众经济社会分化加剧了这一倾向。在问卷调查中，近25%的农民反映自己经常感觉精神空虚，26%的农民经常感到孤独，24%的农民感到闲暇时间难以安排。这表明，当前精神文明建设的形式与内容需要进一步丰富。

另外，农村地区科学文化产品的供应已较为丰富，但质量参差不齐、良莠交杂，部分文化活动存在炫耀性、低俗化、庸俗化、空洞化的导向。这些错误的思想通过低俗婚闹、葬礼娱乐化、高额人情等形式体现出来，在群众中蔓延。虽然这些不文明现象在乡村德治建设中普遍得到了打压、治理，但如果不实现高标准的精神文明建设，这些治理实践也只能是治标不治本。

此外，调研还发现，在前一阶段乡村精神文明建设有欠账的情况下，乡村道德文化阵地产生了一些真空地带，被黄赌毒、虚无主义、拜金主义、消费主义、电信诈骗、非法宗教及邪教等不良文化渗透侵蚀，留下了一些历史包袱。根除这些不正之风不仅需要社会保障体系的健全、相关法规的完善，还需要长期、细致的基层工作对乡村道德文化阵地给予重构。

（三）道德建设

H省在农村道德建设上取得了一定成效，农民道德水平整体上长期持续向好。

在社会公德方面，农民对公共财产的保护意识显著增强，有91%的农民声称他们遇到破坏公物的行为会上前制止。农民的环境保护意识日益强化，村民大会上针对村庄绿化、庭院美化的表决一般都能全票通过。现代法治观念已深入人心，70.53%的人相信法律是“公正”和“比较公正”的，乡村法治社会初见雏形。农民公共场所行为举止的文明程度进一步提高，有82%的人表示自己不会在公共场所乱扔垃圾，有80%的人不接受他人在公共场所吸烟。农民社会责任意识有所加强，66%的人认可助人为乐的精神。农民对集体活动参与热情在增加，有接近50%的农民参加过村集体活动，村里修公路、建公共场所时大部分农民表示会积极帮忙。

在职业道德方面，主要表现在诚信方面，农民对熟人有高达92%的信任度和诚信度，表明农民普遍遵守熟人社会的道德规范。但是，他们对制度的信任和对陌生人诚信认可度不高，有72%的人认为当前农村最大的诚信问题是农村市场充斥着假冒伪劣产品，缺斤少两行为多，有86%的农民认为这些不诚信现象是社会风气造成的。

在家庭美德方面，家庭关系较为平等、和谐，家庭矛盾、纠纷大幅减少，较2010年减少68%。兄弟姐妹、长辈之间相互关心、走动的频率增加。尊老爱幼的观念变浓，农村不养老现象大幅减少。62.7%的农民表示家庭成员之间出现矛盾时会选择忍让或包容心态去处理。

不能忽视的是，部分农民的道德意识仍比较淡薄，仍有76.6%的人对目前的道德状况等级评估是"一般"，只有9.9%的人表示参加过公益事业，35.5%的人表示不关心公益事业。个人利益为重的价值取向仍较重，多达94.7%的人表示曾做过缺斤少两的买卖或出售过不合格农产品。农村社会互动交流频率仍较少，"热情""客气"的情感氛围变淡，"各扫门前雪"的观念还较重。

（四）实践

H省在前一阶段的工作中，在乡风文明建设和移风易俗活动中取得了阶段性成果。

好的社会风气、民风、家风得到了弘扬。绝大部分地区通过落实殡葬改革、成立红白理事会、制定村规民约等措施实现了对各类陋习及不良风气的扭转。大操大办、厚葬薄养、不文明殡葬祭扫、无事酒等陋习大为减少；好逸恶劳风、封建迷信风、缠闹炒作风、失信老赖风、黄赌毒黑风等不良风气得到遏制。调查中70.22%的农民认为目前"大部分人讲诚信"，97.23%的农民对出资参与公益事业表达了积极的态度，两项指标较前一阶段均有较大提升。

就办酒席而言，前一阶段，部分地区以建房、考学、当兵、做寿等名目增办酒席；办酒席出现炫耀化、攀比化倾向，大操大办、奢侈浪费之风盛行；人情礼金数额过大，单次礼金均值超过200元，个别地区农民年均参加人情酒席近百场，户均人情支出占家庭年收入三分之一到一半，农民苦人情酒席久矣。各地整治人情酒席受到群众普遍欢迎和支持，目前大部分地区办酒席次数、酒席规模、人情礼金得到控制，普遍下降30%，户均节省人情开支50%。

在生活习惯方面，通过改厨、改厕、建设美丽庭院等措施实现了农村卫生硬件提升。通过环境整治、爱国卫生运动、卫生检查评比等促进了农户的卫生意识。农户的房前屋后、房间内部、厨房厕所的卫生环境有了较大改善。

在消费习惯方面，通过社会风气整治有效地阻断了部分地区炫耀性消费习惯，农户的消费水平与方式普遍转向实用和理性。

在休闲方式方面，各地有针对性地举办了解决农民闲暇问题的文体娱乐活动，如文艺汇演、送戏下乡、艺术节、运动会等，并着力解决场地、器材、设备、技术、师资等问题。同时，基层组织引导农民群众组建广场舞队、腰鼓队、锣鼓队、舞蹈队、乐队、篮球队、老年人协会等群众性组织，自我管理、自我服务，丰富群众自身的文体娱乐活动。

在传统文化方面，各地对农村传统文化进行了广泛的发掘。调研数据显示，自改革开放以来，传统民俗活动如清明祭祖、扫墓、修建祖坟等参与度稳中有增，基本覆盖面稳定在 61%～95%。各地都形成了各具特色的地方民俗文化形式，如玩龙灯、花鼓船歌、绣活等，并发掘了一批乡土艺术家。

农民群众对政府文化建设有较高的期待。数据显示，农民对当前农村公共文化生活的满意度仅为 26.3%；同时，高达 68.5%的受访农民认为在政府支持下自主开展文化活动是“最合适”的形式。受访农民对文化活动站、老年人活动中心和体育场地的需求意愿分别达到 56.9%、56.6%和 55.4%。这表明当下农村文化建设覆盖面尚显不足，仍需进一步加强。

（五）组织实践

各地均广泛开展了各类文明创建、评选，包括文明乡镇、文明村等集体创建活动，以及道德模范、身边好人、行业标兵等个人评选活动；通过各类媒体渠道讲好道德故事，充分发挥道德标杆的引领作用。

在群众自治上，全省绝大部分村在基层党委政府引导下建立了红白理事会、道德评议会、协商议事会、禁毒禁赌会等群众自治组织。其中，全省共建红白理事会 17865 个、道德评议会 14561 个。这些群众性组织有效地实现了对农民的组织，广泛开展了道德文化活动。同时，一部分农村自主开展了好媳妇好婆婆榜、红黑榜等群众评议，以身边事教育身边人。农民自主开展的评比在形式、内容上皆贴近群众生活，群众更有亲近感、参与感，带动效果显著。

但是，农村群众性组织质量参差不齐，一些村庄青壮年骨干常年在外打工，空心化严重，共识难、行动难导致自治组织运作困境，使得一些评比活动标准不明，群众知晓、认可、参与度不高。部分评选活动有贪大求全、后续乏力、参与度低的问题。

（六）规范落实

各地采取了包括板凳会、院坝会、屋场会、小组会等多种方式将乡村德治落到实处。这些方式既有助于形成村规民约、诚信档案、文明积分等成文规范，又实现了教育和动员群众。党员、志愿者服务和“五老”工作等相对成熟的制度在其中发挥了引领带动作用。

调研发现，自治水平成为德治规范设计与落实的主要制约因素。部分村规民约缺乏可操作性，存在群众知晓度、参与度、接受度不高等问题。此外，德治激励措施的实施需要集体收入支撑。部分地区集体经济无法提供激励所需的资源，限制了村规民约等制度规范的落地。

（七）设施保障

为保障文化建设有阵地，在精准扶贫、美丽乡村、乡村振兴等政策的带动下，H省农村修建了一批文化活动场馆及相关设施，如文明实践站（所）、村村响、农家书屋、运动场、文化广场、文化礼堂、村史馆、农耕文化馆等。全省农村共建新时代文明实践中心86个、实践所18157个、文化场所17828个。此外，还引入社会资金或村民集资建立诸如老年协会、棋牌室、麻将室、网吧、游艺厅、篮球场、纳凉点等文化活动场所。这些设施种类繁多，还在不断增长。

这些设施设备解决了农村长期缺少文化活动场所的问题，受到群众普遍欢迎，也为群众自主开展各类公私活动（如红白事、新年活动等）提供了空间。

但同时，由政府提供的部分文化设施存在配置不均衡、管理不到位、不贴合群众需求的问题。如农家书屋，花了大量资源在农村普及，但几乎没有发挥作用。文化场所的管护缺少配套管理人员、编制及资金，普遍存在"重建设，轻管护"的问题。此外，文化基础建设项目数量太少，布局存在扎堆倾向，不能覆盖分散的群众需求。群众自主提供的文化设施也存在质量参差不齐、管理缺失等问题。农村还存在大量诸如麻将室等低水平的文化场所。这些自建场所大都未经登记注册，难以规范，依托农户院落开展活动具有隐蔽性，存在安全隐患，也容易产生矛盾纠纷。

二、经验做法

为推进全省的德治建设，各级地方政府积极开展德治创建，形成了一批有亮点、有特色、有代表性的经验做法。全省德治建设的主要经验可概括为坚持党建引领、加强制度建设、坚强基层组织、建立实践机制、坚持典型引领、把握客观规律、发挥主体作用、丰富形式方法等。

（一）坚持党建引领，强化领导

充分发挥党组织在建设乡村德治体系中的引领作用。

一是党委统筹。各级政府高度重视乡村德治建设工作，不断强化地方党委统筹功能。市县乡村四级党组织建立完善工作机制，依托新时代文明实践中心，构建以村党支部书记担任实践站站长的组织架构体系，党支部统领新时代文明实践站、村协商议事会、道德评议会、红白理事会、信用管理小组、设工和志愿者组织等，强化党组织的核心作用，高度重视党委统筹的作用，强力推进德治建设。

二是支部引领。充分发挥基层支部的引领作用，强化基层党支部在全村的领导核心作用，选优培强村两委干部，把有党性、有热情、有担当的干部选入村两委班子。以“支部主题党日”为抓手，利用群众性主题教育活动和党员大会等形式，组织党员开展思想教育活动，进一步加强和改进党支部建设。将乡风文明纳入党组织、党员“双指数”管理，探索建立班子成员能上能下，党员能进能出的机制。加强两委班子的团结合作，实行两委班子交叉任职，大幅提升工作能力。努力建强书记、班子和党员“三支队伍”，培育“磁铁支部”“五强书记”，引导党员回归网格参与社会治理，提升综合功能，增强凝聚力和战斗力，筑牢基层支部堡垒。

三是党员带头。领导干部既应该做全面依法治国的重要组织者、推动者，也应该做道德建设的积极倡导者、示范者。充分发挥各级领导干部、全体党员及亲属的示范带头作用，推行无职党员设岗定责和定期述职制度，让党员干部及家属成为社会见贤思齐的身边榜样，形成领导示范、党员带头、以上率下的良好局面。加强基层党员干部的日常教育监管，充分发挥他们在精神文明建设和德治建设过程中的带头引领作用。

(二)加强制度建设，规范引领

制度建设是乡村德治建设的基础性工作，为保障乡风文明建设工作的持续性、稳定性和长期性，各地加大力度建章立制，促进乡风文明建设走向科学化和规范化。

一是制定完善村规民约，引领社会文明新风。各地结合自身实际、村民意愿及乡风民俗制定和完善《村规民约》《社区公约》，将社会主义核心价值观、崇德向善、孝老爱亲、厚养薄葬等纳入村规民约，在民主决策的基础上公布实施。制定实施《文明行为促进条例》，组织广大干部群众开展学习讨论，将条例内容纳入村规民约，在村组醒目位置张榜悬挂，进村入户开展宣传，促使村民自我约束、自我管理。

二是建立红白理事会规章制度，推动移风易俗。省级财政拨付资金支持各地建立红白理事会，各地全面制定文明操办婚丧喜庆事宜标准和流程，完善红白喜事报备审查、公开承诺制度，遏制陋习。各地印发《移风易俗倡议书》等宣传资料，形成“红事新办、白事简办、小事不办、厚养薄葬”的社会人情新风，整治无事酒和人情风，打击天价彩礼、炫富攀比、铺张浪费、大操大办、盲目攀比、厚葬薄养、迷信赌博等不良习气。开展禁烧限塑行动，大力倡导网上祭祀、鲜花祭祀、生态安葬等文明方式，着力扭转焚烧纸钱、燃放鞭炮等封建陋习，推进农村禁鞭和殡葬改革工作。

三是立足家风家教，培育乡村道德文化。各地积极开展“传家训，立家规，扬家风”“家风家训进万家”“晒家规家训，讲我家故事”等活动，推动家训挂厅堂、进礼堂、立广场、种心田，设立“家风家规家训”展示墙，注重把好家风建设活动融入日常生产生活各方面，推动全社会注重家庭、注重家教、注重家风，传承优秀家规家训，培育良好家教家风，以良好家风带动文明乡风。

四是倡导志愿服务，传播文明风尚。构建市县乡村四级文明实践志愿服务体系，县级成立新时代文明实践志愿服务总队，乡镇级设立志愿服务分队，村级建立志愿服务小队，围绕乡风文明开展新时代文明实践志愿服务。发动新乡贤、乡土文化人才、科技能人、“五老”人员、先进人物、大学生、创业返乡人员等注册志愿者，根据群众需要成立组建志愿服务队伍。聚焦群众需求，重点培育各具特色的文明实践志愿服务项目和文明实践点，发展农村志愿服务，营造邻里关爱、互帮互助的良好风尚。

五是创新工作机制，促进乡村治理。各地纷纷探索建立道德银行、文明银行、文明储蓄所、诚信档案等管理机制，将个人信用、个人文明行为量化为分值，进行积分认定和积分兑换。对农村全面推行积分制管理，设立“积分超市”，建立个体道德评级机制和正向激励机制，建立健全农村信用体系，完善守信激励和失信惩戒机制，提升群众参与农村精神文明建设的积极性和主动性。

案例 1：YC 市某区许家冲村创新“三约三引”工作法，即“党员公约”引领全体党员担当有为、当好表率；“村规民约”引领广大村民崇法向善、同心同德；“共富合约”引领各类组织运营有序、发挥作用。

分析：“三约三引”制度的建立，通过亮身份、亮职责、亮承诺，有力激发了党员的身份意识和责任意识；借助村规民约，推动村庄精神面貌的提升和改善；依托共富合约，推动党员群众发展产业、兴办实业的热情，提升村庄的经济实力。

案例 2：XY 市在全市 2237 个村(社区)全部成立了红白理事会，老党员、老干部和新乡贤占 95%以上，制定红白理事会章程，实行红白喜事报备制度，做到“三个管住、两个评选”，即管住知客（司仪）、管住厨师、管住户主，将相关规定纳入十星级文明家庭评选、好家风评选规则当中，遏制农村乱立名目宴请等陋习。同时，发挥村规民约的刚性约束作用，修订完善村规民 1200 余条，对红白宴席、操办规模、随礼标准进行明确，通过发送手机短信微信、张贴《移风易俗村民公约》、发放《致村民的一封信》、开展喜闻乐见的文艺活动等形式，宣传发动群众 3 万余场次。在农村推行组建红白理事一条龙服务队，做到桌椅统一提供、餐饮统一操办、仪式统一安排，不仅大幅降低了群众成本，还刹住了讲阔气、讲排场的陈规陋习。

分析：“没有规矩，不成方圆”，个体不道德的行为会产生社会负面影响，进一步带来社会风气的恶化。村规民约是对个体不道德行为的制度化约束，通过建立完善的制度，个体行为有了衡量标准，在此基础上形成对个体行为的约束。制度规范的建立同时也构成了村庄社会评价体系的一部分，借助舆论约束力量实现对村庄个体行为的约束。

案例 3：YC 市 WF 县以公民诚信守法档案助推乡村德治建设。近年来，WF 县探索建立公民诚信守法档案，教育引导广大人民群众树立诚信守法意识，扫除农村地区存在的陋习，补足精神之钙。确立以家庭户为单位，涵盖其家庭成员的建档单元，为全县近 6 万户家庭 18 万余人建立了诚信守法档案，建档率达到 100%。将诚信守法行为界定为邻里融洽、信守合同、弘扬正气等 22 类，将失信违法行为界定为征地霸界、非法信访、家庭暴力等 20 类。将诚信守法档案信息与公务员录用、企事业单位聘用、征兵、评先树优、行政许可、社会保障福利等挂钩。

分析：村庄中经常会出现一些不违法不违规但违反道德的行为，这些行为处于规范的边缘地带和法律的灰色地带。诚信档案这一制度规范的建立，使得个体产生风险预期值，当下的行为可能会对个体及其家庭的未来产生影响。它是一种软约束，具有不确定性，但正是这种不确定带来的心理成本，使得个体的行为受到制约。

（三）坚强基层组织，形成力量

一是组织宣讲团队，开展理论宣讲。围绕推动学习宣传贯彻习近平新时代中国特色社会主义思想的活动，各地积极组建“两团多队”、“1＋2＋N”宣讲队伍、“一团多队”进农村，市领导带头开展“领导干部走基层”宣讲活动，各地建好、用好市委宣讲团和青年宣讲团，组建若干个宣讲小分队，采取座谈、报告会、板凳会等形式，面向农村基层群众宣传解读政策文件，联系社区与基层群众开展面对面宣讲，拍摄“理论宣讲视频课”，加强理论宣传，“更新”农民的思想观念，推进党的创新理论和国家政策“飞入寻常百姓家”。

二是组建群众自治组织。各地建立红白理事会、道德评议会、乡风文明理事会、乡风文明监事会、思想道德建设协会、村务理事会等群众性自治组织，通过民主推荐的方式，选出思想觉悟高、纪律性强，在群众中有威信，对群众工作熟悉的老干部、老党员、老模范等担任协会会长和会员，形成村有协会、组有骨干、湾有会员的农村思想道德建设协会网络，倡导节俭操办婚丧事宜，遏制陋习歪风，发挥组织引领和带头示范作用。

三是结合地方特色，组建各种类型的农村文化队伍。深入落实文化惠民政策，组织红色文艺轻骑兵开展文化、科技、卫生“三下乡”主题活动，开展送戏下乡、送影下乡、送图书下乡和戏曲进校园等活动，活跃乡村精神文化生活。加强对农村文艺队伍的指导培训工作，扶持、指导民间文艺社团和业余文化队伍开展文艺活动，支持成立文艺演出公司等文化企业。政府以购买服务的方式，推动本土文艺团队发展。

四是强化组织保障，健全农村宣传思想工作队伍。乡村两级明确宣传委员的工作职责，规范乡村两级宣传委员的责任分工，乡镇配齐宣传干事，行政村配齐年轻村官，培养打造政治过硬、本领高强、求实创新、能打胜仗的农村宣传思想工作队伍。

案例 1：XG 市 XN 区陡岗镇袁湖村，在党支部的领导下成立理事会和专项协会。一是，通过“三荐三选”成立理事会，即组织推荐、村民举荐、个人自荐等方式参选，按照“村民选代表、村民代表选理事会成员、理事会成员选理事长”的程序，从有能力、有热情、有威望、常年在家的人员中选举产生村民代表、理事会成员、理事长，每个自然湾推选 2～3 名理事会成员和1名副理事长。理事长原则由党员理事担任。村务理事会每季度至少召开一次会议，主要职责是协助村“两委”收集村民意愿，讨论议定村民代表会议或村“两委”会议授权事项。二是，双向选择组建专项协会。根据群众诉求和村级发展需要，组建若干专项协会，具体负责相关服务管理项目的实施。协会组建工作由理事会指派一名副理事长负责，实行双向选择，群众自荐加入协会，理事会根据需要选择会员。协会成员由肯吃苦、能奉献、有专长的村民组成，一般骨干会员3～5人，普通会员随时吸纳。会长由牵头组建的副理事长担任。该村共组建文明新风、和事佬、自来水、红白喜事等专项协会8个，会员360余人。三是，设立政策法规宣传员、村级事务管理员、社情民意信息员、矛盾纠纷调解员、文明乡风引导员、重大事项监督员等职务，通过理事会和专业协会，组织群众、凝聚群众、服务群众，推动全村共建共管共享。

分析：村民理事会和专业协会属于群众性自治组织，这一组织体系的建设为村民参与村庄事务提供了一个平台，激发了群众参与的热情。同时，"两会"赋予了普通党员和普通群众一定的公共性身份，由此赋予了一定的公共性权力，进而发挥村庄治理的作用。

(四)建立实践机制，促进养成

1.建好阵地

第一，建设建成新时代文明实践中心，建立基础文化阵地。夯实农村基层宣传思想文化工作和精神文明建设基础，2020年，全省12个试点县市建成新时代文明实践中心、文明实践所和文明实践站，并带动90个县市区开展新时代文明实践中心建设。积极推进实现综合文化服务站与新时代文明实践中心合并的工作，推动农村基本公共文化服务标准化、均等化。借助和依托新时代文明实践中心，广泛深入开展文明实践活动，学习实践科学理论，宣传宣讲党的政策，培育践行主流价值，丰富精神文化生活，打通宣传群众、教育群众、关心群众、服务群众的"最后一公里"。

第二，完善文化基础设施，丰富群众精神文化需求。聚焦农村公共基础设施补短板，明确工作重点，健全工作机制，积极整合项目资金，建立乡村文化礼堂、文化广场等文化活动阵地。加大"村村响"建设，在行政村安装广播终端，将智能广播网转化为农村精神文明建设宣传阵地。推进乡村综合性文化服务中心提档升级，推进乡镇、村综合性文化服务中心的建设水平和服务能力，提高服务的丰富性、便利性，实现村级文体活动中心全覆盖。规范文体器材的管理使用，组织开展体育健身、书画摄影等活动，不断丰富农民精神文化生活。

第三，建立健全新时代公民道德教育基地，深化道德引领。做实做强道德讲堂、红色阵地、爱国主义教育基地、理论惠民宣讲基地、社会主义核心价值观示范点，因地制宜地建设一批具有浓郁地方特色的村史馆，使其成为家训家风传承的教育实践基地。充分利用党员活动室、村级公共文化服务中心、远程教育中心等服务阵地，利用社区文化广场、小区院落、住户场坝等现有资源，科学谋划场地，整合各类公共文化资源，深化道德教育引导。

第四，借助丰富多样的宣传方式，营造社会氛围。按照机关、学校、企业、医院、农村（社区）分类，组织打造社会主义核心价值观示范点，把社会主义核心价值观融入社会发展的各个方面。依托公益广告、文化墙、报纸、网络、电视、“微视传文明”视频，营造践行社会主义核心价值观的浓厚氛围，从“印、读、看、听、答、跳、查、评、行”等方面，通过多种形式全覆盖宣传。

案例1：YC市创新开展“六心屋场”示范创建，整合各类平台资源，以屋场、村落为单位，打造“理论宣讲守初心、科技富民强信心、文化惠民润人心、志愿服务暖民心、典型示范聚群心、价值引领筑同心”的平台。借助平台和阵地建设，聚焦农村思想政治工作热点、难点问题，打通组织群众、教育群众、引导群众、服务群众的“最后一米”。

案例2：为了提高公民思想道德水准，让百姓了解党的政策动态，交流乡里邻里爱心故事，2006年，黄冈市四顾墩村创办了《公民道德简报》。简报自第一期创刊以来，目前已出了近百期。报刊宣传“好事大家传，坏事大家管，歪风大家纠，喜事大家办”，并相继开辟了“优秀共产党员”“十星级文明农户”“五好家庭”“十大孝星”“十大模范老人”“十佳儿媳”等评选专栏。每当茶余饭后，协会会长和成员就徒步来到村庄院落，召集一些家庭户主聊天谈心，了解家庭子女成长情况，化解家庭内部、邻里之间的矛盾，传递农村家庭和谐、孝道为先的好人好事。

分析：简报成为村庄道德的展示窗口。简报宣传建立起村民自我教育、自我管理、自我约束、自我提高的农村思想道德建设机制；简报内容的设置让村民学有榜样、赶有目标、比有典型，促进全民思想水平的提高，推动了全村各项工作的顺利开展。通过入户谈心，在村里促成“富帮贫，强帮弱，共富裕，齐进步”的氛围，为村外的村里人提供了了解家乡、热爱家乡的机会。

2.丰富载体

第一，统筹推进五大文明创建，形成上下一盘棋。各地市大力推进文明城市、文明村镇建设，涌现出一批精神文明创建活动形式多样、精神文明建设成效显著、居民文明素质普遍提高、村镇文明程度大幅度提升的村镇。推进文明校园、文明单位创建活动，以文明单位、文明校园创建促文明村镇建设，实现共驻共建。推进文明家庭创建活动，开展常态化推荐和评选"十星级文明户""最美家庭""文明家庭""清洁家庭"等群众性精神文明创建活动，适时调整"十星"标准，比如DY市调整增设"文明实践星""卫生健康星"等。评选严格按照农户自评、湾组互评、村级审评、镇级复评、市级审评五级评审程序。针对文明家庭进行授牌颁奖表彰和优秀事迹宣传报道，扩大影响力和覆盖面，提高村民的荣誉感和参与村庄治理的积极性。

第二，组织群众性的乡村文体活动，拓展农民参与途径。深入开展"我们的节日"主题文化活动，在春节、元宵节、清明节、端午节等传统节日期间，常态化开展形式多样的群众性节日文化活动，传承和保护地方传统农耕文化，弘扬传统文化。举办乡村春晚、农民丰收节、民俗文化节、广场舞大赛、农民趣味运动会、农民艺术节等群众喜闻乐见的活动，鼓励现实题材的文艺创作，组织开展以"核心价值观""中国梦"为主题的知识竞赛、演讲比赛、征文大赛活动，培养自办文化的积极性，打造群众文化特色品牌，推进村(社区)文化结对走亲，增强农村文化的内生动力。鼓励各文化、体育协会自主举办、协作联办群众性文化体育赛事活动，扎实开展"欢乐社区行""全民健身"等系列文体活动。

第三，依托新时代文明实践站，探索线上线下互动平台。建立云平台志愿服务"点单"系统，组建成立县乡村三级志愿服务队伍，探索线上线下管理网络平台，建立县乡村联动服务群众模式，推行"市级制单，群众点单，中心(所、站)派单，志愿者接单，群众评单"的五单服务模式，建立"村(社区)吹哨、部门报道"的工作模式，推行志愿服务活动常态化、项目化，强化志愿服务在基层治理体系中的基本抓手作用，打造"新时代文明实践＋志愿服务＋信息大数据"互通互融工作体系，精准实现打通理论宣讲、文化建设、教育群众、服务群众的"最后一公里"，积极探索"志愿服务积分兑换"模式，进一步增强农村志愿者的积极性。

第四，借力重点战略培育文明乡风，开展专项行动净化社会风气。将培育乡风文明纳入乡村振兴、美丽乡村建设、精准扶贫战略规划中，结合和围绕中心工作开展乡风文明建设，同时将重要工作融入各种类型的乡风文明建设的丰富活动当中。集中开展专项行动，联合多部门联合开展"人情风""无事酒"专项治理工作，深入开展孝老爱亲专项行动，以党委牵头、部门参与、村镇主题、综合治理的方式，强力整治歪风陋习。

案例1：YC市针对农村部分群众脱贫主动性不足、精神文化生活匮乏、文明意识比较淡薄等问题，在全市开展农村精神扶贫"四扶四强"专项行动。坚持扶贫先扶志、扶贫先扶智，精准聚焦脱贫攻坚和乡村振兴，创造性地在全市集中开展扶志向强动力、扶文化强素质、扶文明强精神、扶生态强后劲专项行动。

分析：面对扶贫过程中出现的"争当贫困户"等不良风气，组织开展具有针对性的专项行动，聚集人力物力财力，集中力量破除顽疾。通过开展专项行动，显示地方政府的治理决心，同时在全社会营造高压态势，集中整治对社会具有危害性的行为。动员全社会力量共同参与其中，激发农村贫困群众脱贫致富的内生动力和活力，净化社会风气。"四扶四强"农村精神扶贫专项行动为全国首创，实施以来反响热烈并受到广泛关注，被《光明日报》《经济日报》《湖北日报》等多家媒体宣传报道，入选2019年度全国宣传思想工作创新案例。

3.加强监督考核

第一，加强监督。强化群众性自治组织对村"两委"的监督功能，借助村务监督委员会、乡风文明监事会的力量，监督和督促村"两委"班子，如ES市三道岩村红白理事会规定针对违反禁鞭行为写"检讨书"。强化群众性自治组织的相互监督，XG市袁湖村充分激活村务监督委员会的监督村两委的功能，强化广大群众对自治组织的监督，面向群众设立重大事项监督员、大小事监督员等。

第二，强化考核。将移风易俗、文明乡风等纳入文明创建、基层党建、党风廉政、基层治理模式、评先树模考核当中，形成政治合力。ES市郧阳乡将文明创造纳入责任工作清单和积分制考核办法，把精神文明建设纳入各级党委、政府全年重点工作和考核目标当中。将乡村德治建设工作作为镇村年度目标责任制考核和文明村镇评选重要依据，充分调动广大干部投身乡村德治建设工作的积极性。

案例1：XG市XN区陡岗镇袁湖村着力构建村党支部领导、村委会负责、村务监督委员会监督、村务理事会管理、专项协会办事的"五位一体"治理格局。专项协会负责项目的具体实施，村"两委"和理事会为项目实施创造条件、提供支持，并对项目实施进行监督。村务监督委员会在监督村"两委"的同时，同步监督"两会"。每年底，村党支部组织理事长和协会会长在党员、村民代表会议上述职，接受村民质询。村民通过加入"两会"直接参与村务。

分析：监督机制的建立，公开透明度更高，消除了党群干群之间的隔阂和猜忌，密切了党群干群关系。

(五)坚持典型引领,示范带动

一是选树先进典型,树立标杆。发掘培育先进典型,推进文明个人的创评活动。开展道德模范、身边好人、新乡贤的推选活动,挖掘和弘扬新时期乡贤文化,评选出以在外成功人士、优秀农民工、道德模范、技术专家等为主体的乡贤,激活乡贤文化资源,激发群众的道德热情和乡村发展的内生动力。

推行常态化的“最美婆媳”“好儿女”“身边好人”“最美大学生”“最美产业带头人”“最美道德标兵”“最美乡村教师”“最美驻村干部”“美德少年之星”等最美系列人物评选活动。完善“凡人善举典型库”,达到以身边事教育身边人的效果,树立崇德向善、德者有德的鲜明导向。XT市坚持每两年评选一届道德模范、每季度选树一批仙桃楷模、每月推选一次身边好人。

二是强化宣传激励,带动群众。通过各种丰富的形式将先进典型事迹宣传到农村一线,综合运用报台网端微屏、基层巡讲、百姓故事汇、楷模实体榜等形式进行宣传,以身边人、身边事为教材,开展宣传教育,通过宣讲放大榜样示范效应,发挥先进典型的示范带动作用。以典型作为抓手,建设道德模范文化长廊、清风长廊、乡贤小道等,展示模范事迹,用群众身边的道德榜样引领社会风尚,发挥乡村德治引领力。礼遇关爱帮扶先进典型,如XT市设立100万元帮扶专项基金,为先进典型提供免费体检等,春节前夕组织开展走访慰问模范活动。

案例1:走进JS县店子坪村,干净宽敞的水泥路、别具特色的漂亮民居、成片的猕猴桃林……宛如现代版的世外桃源。不远处的山间,一条盘山公路蜿蜒曲折,沿着陡峭险峻的山脉边缘一直延伸向远方。今年50岁的王光国书记站在村口,望着路上来往的车辆,思绪万千。

发扬“愚公”精神,绝壁凿出通村公路

“左有石柱河,右有洋芋河,前面梯子河,后面大山坡,祖祖辈辈肩挑背驮像骆驼!”一首民谣,道出了店子坪村村民曾经的无奈。这里位于武陵山区腹地,平均海拔1200多米,四面是峭壁和深谷。多少年以来,一条“挂”在绝壁上的古盐道,是村民们外出赶集、就医、打工的唯一出路。不知多少人失足葬身深谷之中。闭塞的交通,也阻隔了店子坪人脱贫的脚步。

“路难走，咱就自己修一条公路！”2005年，已当选村党支部书记的王光国语出惊人。没钱，没劳力，就凭村里大半留守老人和小孩，怎么修？很多村民摇头。但王光国决心坚定：“5年修不好，就修10年、20年。”他把自家养的7头牲口全都卖了，把钱捐出作为启动资金。在他的再三动员和坚持之下，村民们终于被打动，纷纷捐钱捐物，参加修路。

当年腊月初九，随着轰隆一声震天响的炸山炮，店子坪人开始了凿山开路的浩大工程。70多岁的老人，背着小孩上工的妇女，能干活的都来了。村民们背着干粮与工具，冒着呼啸的寒风，蹚过咆哮的洋芋河，攀上陡峭的悬崖。

他们腰系绳索，挖山前行，一锤锤打下炮眼，把石头一块块撬开搬走。寒来暑往，肩挑背扛。

洋芋河左岸，一条“毛公路”延伸到了村外，店子坪村回荡起了摩托车的喇叭声！但王光国并不满足，他想修一条可供汽车进出的硬化公路，这需要投入200多万元，对于穷困的店子坪村，实在是一个天文数字。

转机很快到来。该村“愚公移山”的故事传到了大山外面，各级政府部门纷纷伸出援手。2011年8月，专业施工队开始进场施工。2014年5月，该村至高坪镇全长11.7公里的公路贯通并全部硬化完成，洋芋河上一座跨河大桥拔地而起，村民出行难的问题终于解决了。

分析：以标弘德，挖掘身边的道德模范资源，强化了乡村正能量宣传，具有典型的示范带动引领作用。

（六）把握客观规律，久久为功

乡风文明建设是一项长期性、复杂性、系统性的工作，涉及农村社会各个领域和农民生产生活的各个方面，需要把握规律、找准载体、常抓不懈、持之以恒、久久为功。

一是结合地方实际，因地制宜开展具有地方社会特色、传承本土文化传统的乡风文明建设实践。做好本土文化的挖掘保护、推介传承，讲好本土故事，树立文化自信。XN市TS县将宗族祠堂转化为文化礼堂。JZ市SZ市城址山村依托“程朱理学”创始人程颢的讲学经历，建起第一所家风家训馆。

案例1:JZ市SZ市城址山村依托“程朱理学”创始人程颢在此讲学的史实,建起了第一所家风家训馆,开设家风书吧和家风学堂,以明道遗风围绕孝亲、教子、睦邻、礼信、仁爱、有为等方面进行家风建设。每个家庭根据自家传承的家风家训,制作一个家庭家风家训铭牌,悬挂在自家门口,推动好家风家训邻里互学、互进、互助、互勉。注重把好家风建设活动融入日常生产生活各方面,推动全社会注重家庭、注重家教、注重家风,以良好家风带动文明乡风。

案例2:YC市许家冲村是一个移民村,当地积极传承优秀移民文化精神,打造文明新村。许家冲村根据本村历史习俗、村落文化、风情风貌,打造村庄景观,激活传统文化。许家冲村积极传承三峡区域巴楚文化,将全民健身运动操融入巴楚舞蹈地花鼓、花车舞、蚌壳舞等舞蹈中。为记录和展示三峡移民历史,建设许家冲移民思想讲习所、移民文化民俗馆和移民文化广场,缩影再现百万移民筚路蓝缕伟大迁徙的恢弘壮举。为号召全村坚定贯彻落实“共抓大保护,不搞大开发”的方针,村民自编三峡渔鼓调节目《一江清水》,号召群众开展长江大保护。

案例3:XN市TS县积极助推宗族祠堂转化为文化礼堂,充分发挥宗族祠堂转化为文化阵地的作用,将其充实成为新时代文明实践站的活动场所。TS县南林桥镇石门村在“夏氏祠堂”墙上设置宣传栏,对“脱贫致富星”“公益义务星”“最美媳妇”“最美婆婆”的名单和事迹进行宣传,让村民学有榜样;大路乡民间文艺总队把吴田村“吴氏祠堂”作为培训文艺骨干的场所,每月定期举行文艺排练、文艺演出;洪港镇江源村“成氏祠堂”、闯王镇高湖芭蕉湾“焦氏祠堂”、黄沙铺镇孟垅村“孟氏祠堂”等20多座具有百年历史以上的古建筑改造成“民俗休闲观光景点”,每年游客达10万余人次;燕厦乡理畈村把堰湖“文化礼堂”办成法制教育讲座阵地;大路乡杨狮坑村将“徐氏祠堂”打造成老年人日间照料中心和“四点半”学校。

分析:将德治建设融入地方社会文化当中,借助地方特色和原有的文化资源、文化传统开展与地方社会相契合的实践活动,进一步强化乡风文明的社会氛围,促进德治建设见实效。

二是深入把握乡风文明建设规律,制订乡风文明建设年度计划,强调工作时序进度,持续推进,逐年深化。ES市茅田乡每年找准一个主题,从传统“八德”教育,到村民道德法律“两个素质提升”,再到“百姓宣讲”、人居环境专项整治和农户文明积分“四色管理”,持续对百姓进行德治教育引导。

案例 1:ES 市 JS 县茅田乡从 2017 年开始推进乡风文明建设工作。当地的做法是每年找准一个主题,持续对百姓进行引导。2017 年,茅田乡开展了传统“八德”教育;2018 年,开展村民道德法律“两个素质提升”工程;2019 年,开展“百姓宣讲”,同时根据国家政策,及时调整方向,将人居环境专项整治纳入德治教育过程当中;2020 年,茅田乡又进一步探索开展农户文明积分“四色管理”。每年一个主题,每年在德治教育上向前推进一步,持续引导,环环相扣,全面提升群众综合素质。

分析:乡风文明建设工作涉及农民价值观念和生活习惯的改变,是一项长期性、系统性的工作。需要着眼于长期目标,制定长远规划,循序渐进,逐年深入。

(七)发挥主体作用,共同治理

广大农民群众工是乡村德治的主体,村民参与激活了村庄内部的文化活力和村庄发展社会动力,实现基层社会的共治共建共享。

一是政府供给、群众参与,激活农民热情。各级政府积极探索德治建设的体制机制,组织、动员和吸纳群众参与。YC 市点军区长岭村建立诚信档案,通过组织村民开屋场会来决定哪些行为应该被记录到档案之中。

案例 1:JS 县积极组建 1+11+N 专兼职志愿服务队,“1”,即由新时代文明实践中心(所)联动建立专业“七彩”志愿服务队,并指导和培训社区志愿服务;“11”,即各城市社区新时代文明实践站、分站根据“七彩”志愿服务队,并结合自身特点和需求,相应组建有党员、社会工作者、公益岗位人员、社区老干部、老教师、退役军人等参与的特色志愿服务小队和小分队;“N”,即社会力量组建的各具特色的志愿服务队。志愿服务队的建立将广大村民吸纳进入志愿服务体系。

案例 2:YC 市长岭村建立了诚信档案,把个体违背和遵守村规民约的行为记录到个人档案中,建立红黑榜,公开公示。对于哪些行为可以被记录进档案,则是通过动员村民开屋场会,让群众来决定。

案例 3:XG 市陡岗镇袁湖村成立理事会和专项协会。在“两会”建立过程中,推荐 25 名无职党员在“两会”中任职,并组建党小组 7 个。党支部每月组织“两会”成员开展一次学习活动，不定期邀请村民代表旁听会议，听取意见，解决问题。以血缘、地缘、宗族为基础组建的“两会”，其成员具有一定的限定性，多限定于村民代表中的“五老”人员，村组干部原则上不参与，因此具有较“纯”的民意性质，容易得到广大村民发自内心的认同。村民通过加入“两会”，从幕后走到台前，话语权有了、行动权实了，做到自己的事自己说了算，自己决定的事自己干。同时，村民直接参与村务及监督机制的建立，公开透明度更高，消除了党群干群之间的隔阂和猜忌，密切了党群干群关系。

分析：农村文化供给主要是强调场馆、阵地建设，但是缺乏必要的组织建设和组织保障。组织体系的建设有助于吸纳广大村民广泛参与其中，激发群众热情。

二是农民自办，内部动员，激发社会活力。各地根据村庄实际和村民需求，积极组建群众性自治组织，引导群众自我管理、自我服务。例如，JM 市官桥村成立老年人协会，为村庄老人提供日常娱乐和自我教育场所，开展惠及全村老人的文化活动，为在村老人提供养老服务。

案例 1：JM 市 SY 县官桥村老年人协会成立于 2004 年 3 月，经过几年投资，2013 年建成了占地 830 平方米，能容纳 400 多人的场所。目前“老协”的组织结构包括“老协”领导班子的 4 名成员和委员会的 7 名成员，不同组织成员的职责不同。班子成员主要负责“老协”活动的组织和统筹，包括“老协”正常的运作，特殊节庆活动的安排，祝贺和吊唁等活动。委员会成员负责在小组内部进行“老协”信息的传达。成员职责各有侧重，大家分工合作、齐心协力，大大增强了“老协”的凝聚力和向心力。老年人协会自建立以后发起人每年稳定地提供 5000 元运转费用，近几年还通过在重阳节庆典上的众筹获得收入。老年人协会自 2004 年以来已经运作了 15 年，除了日常开门迎接村庄老年人前来娱乐之外，还组织开展了惠及全村老年人的各类活动。“老协”的活动包含五个方面：一是日常性活动，包括老人在协会打麻将、打牌、听戏剧、看书看报、跳健身舞以及找伴聊天等，每天来协会玩耍的老人大约 30 人，活动氛围极好。二是文艺活动，主要是舞蹈队和腰鼓队，舞蹈队每月定期在协会学习、表演、排练，腰鼓队也会应邀参加一些节庆活动。三是红白喜事的举办，协会为村中80岁以上的老人庆生、过寿、送贺礼，还有腰鼓队表演节目；当老年人过世时，协会为他们开办追悼会。四是以"老协"的名义去看望病重和高龄老人，为他们提供一些简单的日常照顾。五是重阳节庆典等大型活动，村庄60岁以上的老人几乎都会来参加。不仅有节目表演、"好儿媳"模范的评选，"老协"还给所有到场和无法到场的老年人都分发毛巾、香皂等小礼品，吸引大家前来参加。

分析：老年人协会作为自组织的一种方式，为在村有精神慰藉和生活照料需求的老人提供相应的养老服务，发挥了重要的养老功能。同时也在村庄社会营造了一种文化氛围和文明风尚，发挥着引导村民孝老爱亲、倡导家庭和谐的文化功能，同时还能发挥调解村庄矛盾纠纷的治理功能。

(八)丰富形式方法，紧接地气

一是以活泼的形式宣扬政策。以文艺晚会、小品、戏曲、歌曲、广场舞、鼓书的形式宣扬社会主义核心价值观，向群众讲党的最新政策、讲村里的新变化、讲村里人的喜怒哀乐，广泛发动群众参与，以润物细无声的形式，激发了村集体的归属感和凝聚力，丰富群众的精神生活。

二是以灵活的方式传递价值。将村规民约、乡风文明融入广场舞曲、文艺节目等创作编排之中，生产创作一批群众买得起、看得懂、用得上的文化产品，促使群众真正参与其中。

三是以灵活的方式弘扬传统。将传统文化、民俗文化等具有地域特色的文化融入文化活动当中，以群众喜闻乐见的方式弘扬、传承和保护乡土文化。例如，ZX市以传统节日为契机，将踩高跷、抬花轿、划旱船、采莲船、舞狮舞龙等传统民俗节目融合到文化活动当中。

案例1：YC市许家冲村将"党员公约"以峡江小调"渔鼓调"的形式唱出来，将其与党员亮身份、亮职责、亮承诺结合起来，形式活泼、通俗易懂，听上一遍就能唱个八九不离十。

案例2：HH市梅桥村巧妙借用农村"村村响"，精准设计精神文明服务项目，通过因地制宜设置广播内容，组建"广播志愿服务队"，精心设计符合群众多样化需求的广播内容，用洪湖"土话"方式，使播报接地气、贴民心、助生产，推动移风易俗。

三、存在问题

(一)文化供给与群众需求对接不精准

当前H省部分农村地区的德治建设投入很多,但是存在着文化供给与群众需求不对接的问题,文化供给缺乏群众主体视角,有碍于回应群众需求。有68%的农民认为政府成立的文化队伍没有效果,因为"没有人看"或"没意思"。

从文化供给的内容上来看,当前部分村的文化产品形式相对单调,文化供给的质效不高,文化供给观念相对落后,文化内容的更新速度跟不上农民生产生活变革和农民文化需求变化的速度。首先,在全面实现小康的新时代背景下,农民对于健康积极文化的渴望强烈,但诸如科普类、养生类、育儿类、文体健康类等群众需求量大的文化产品输入不足。其次,农民喜闻乐见的民间文化没有得到充分的挖掘和利用,乡土文化的传承性、多样性和创造性尚未被激活,农民对于既有文化供给难以产生情感共鸣,难以从文化供给中获得生动的、愉悦的身心体验。再次,少数村文化供给活动变成了应付检查的形式,内容空洞,不接地气;文化场所成了摆设,平日里对群众不开放,出现资源闲置和"铁将军"把门的现象;文化活动形式花哨但缺乏实质内涵,既浪费了人力财力物力,又不能真正感化群众,文化供给变成做样子。最后,一些文化供给活动是"依葫芦画瓢",不适合群众口味,文化活动开展的实际效果与预期不相符合,难以打动群众。

访谈1:关于农家书屋

我们村有农家书屋,现在我们县就我所知都有农家书屋。政府给建农家书屋,用意是好的,这无可否认,但是只能是个摆设。你去看看里面有多少灰尘就很清楚了,就知道平时有没有人去看。现在村民都不去看书,一是因为没有时间拿一本书看,尤其是拿什么种植技术的书看,再说现在电视上有几十个台,很多台都有讲这方面的知识,没必要去看;二是即便去看书,时间上也没法固定,农家书屋又没有人看着,书没几天就被拿走了,拿走了村干部也没有及时追回,书越来越少,最后村干部索性把门一关,谁也别想再看,农家书屋也就彻底成了摆设。

访谈2：农家书屋与电影下乡曲高和寡

问：你觉得农家书屋和送电影下乡效果好吗？

答：书屋效果不好，因为年轻人都出去了，老年人就爱打牌。不需要政府送戏下乡，没得雅兴。（TM市岳口镇横堤渡村村民，男，56岁，小学学历，群众）

电影杂七杂八，也没人看。（TM市岳口镇薛熊滩村村民，男，60岁，小学学历，群众）

不需要看电影，电影放得比较少，缺乏新片子。我去过几次农家书屋，从没见过别人。最近一次去是在去年上半年。啊！还有书没还呢，是去年借的。（TM市岳口镇健康村村民，女，群众）

从文化供给方式来看，当前部分基层组织仍然比较习惯于传统文化宣传模式，文化供给方式单一守旧，农民接受程度不高。主要表现在：当前主要的文化宣传方式比如展板、宣传栏、横幅等，通常设置在村部和文化广场附近，难以以点覆面，对群众没有新鲜感；部分村的宣传栏、展示板、文化墙等缺乏管理，破旧折损、内容过时，更难起到正向的文化宣传作用；一些群众接受程度比较高、普及性良好的文化传播方式比如乡村大喇叭，其作用没有得到充分的重视和发挥。此外，开群众大会的方式兼具现场性、生动性，具有良好的传播效果，但这对基层干部能力的要求比较高，如何通过开会等方式来进行文化宣传和群众动员还需要更多经验探索。以群众喜爱的文艺活动为载体来进行宣传也是重要的方式和手段之一，但这方面仍然非常薄弱。同时，随着智能手机的普及与互联网的发展，农民普遍进入自媒体时代，尤其是抖音、微信、快手等在群众中的普及度很高。但当前基层文化宣传仍然缺乏新媒体思维，通过新媒体开展文化工作的经验不足，没有形成主导和引导性作用，新媒体传播的内容良莠不齐，不少低俗、迷信、谣言等消极负面内容通过手机在群众间传播。

（二）群众自治水平有待提升

群众是乡村德治建设的主体，德治建设讲究以德感人，以文化人，如果不能广泛地动员群众参与，以群众为主体广泛传播、创造优秀的社会主义文化，德治建设的效果就会大打折扣。当前H省全面持续推进乡村德治，各类活动基本能覆盖乡村各类群体，但仍然面临群众动员、参与不足的难题。

一是群众参与的广度有待扩展。这尤其表现在政府供给的文化活动中群众参与度相对较低(见表3-1)。比如在有老年人协会、运动场地、麻将馆、棋牌室和戏曲组织的村庄中,老年人协会和运动场地主要由政府供给,但多数被访者只是偶尔参加,且仍分别有46%和23%选择从不参加。这意味着,政府的文化供给并没有充分发挥应有的作用。

表3-1 不同文化形式中农民的参与情况

	有这些场所的比例/%	组织者/%			参加的情况/%	
		政府	村民	村委会	经常参加	偶尔参加
老年人协会	37	74	10	16	18	36
运动场地	53	65	12	23	27	50
麻将馆	64	2	93	5	36	51
棋牌室	46	2	79	19	36	44
戏曲组织	23	15	46	39	40	36

政府文化供给效果有限的主要原因是没有契合农民的文化诉求。读书看报、信息获取可以依靠家庭文化产品来满足。同时,对于大部分农业型村庄而言,老年人、妇女和儿童成为村庄生活的主体,而上述政府供给显然并不能适应这部分人群的需要。调查发现,村民普遍对体育场地、设施以及"送戏下乡"等较为轻松活泼的形式更感兴趣。但是由于这类供给的水平仍然不高,因此很难动员起农民的参与积极性。

二是群众参与的程度有待深化。这主要表现在,当前全省德治建设强调"送文化"而非"种文化"。德治建设多以上级政府"输入"的公共文化活动为主,在依靠群众、发动群众、创造群众喜闻乐见文化方面的引导和支持不足。群众多停留在被动接受、消极旁观的层面,在文化建设上缺乏自我组织、自我管理、自我服务,群众的聪明才智和文化需求难以通过既有文化活动表达出来,群众在文化建设中的主体角色有待激活。在缺乏作为主体实际参与的情况下,群众很难获得真正的满足感。

访谈：无趣的文化供给

“我都不知道你说的这些项目，我们村里好像还没有，或是有，我们没去过也不知道。”

“20世纪八九十年代时放电影大家还很有热情，因为那时候没有电影可看。现在大部分家里都有了有线电视，收几十个台，什么电影都可以看得到，谁还去看他放的电影？”

“农家书屋我们读不懂，再说农村方面的书占的比例也不大，没有什么作用。”

“现在条件好的家里都有电脑，再说村里就三台电脑，我们用不着上网，看看电视就够啦。”

“六七十岁以上的老年人才听收音机，现在哪有年轻人听的，都看电视，条件好一些的自己家里还有电脑，上面什么东西都有。”

调查发现，农民对政府提供的文化活动和思想宣传教育缺乏兴趣，而对文艺下乡、地方特色民俗表演等较为轻松活泼的精神文明形式更感兴趣，但这些却又是政府供给中较为薄弱的环节。政府的文化供给与农民需求之间存在较大错位，而农民自身又缺乏能力通过组织合作满足自身文化需求。其后果是，一方面，政府每年资源投入增长迅猛；另一方面，农民依然感觉文化生活空虚。社会主义核心价值观、社会主义集体主义价值、传统精华文化等本应是政府“培育”、维护的主流内容逐渐式微，而利己主义、拜金主义等资产阶级腐朽文化以及外来宗教甚至邪教文化迅速抢占了农村文化这块阵地，社会主义核心价值体系在农村的成长和发展面临深刻危机。

三是群众动员的困境有待突破。通过加强群众动员，为乡村德治建设提供组织供给，是当前提升德治水平，强化德治效果的关键。群众动员的基本主体是基层组织(包括乡镇和村两级)。一方面上级行政安排要靠其完成，农民的文化需求要靠其反映；同时，农村文化活动的组织、文化场馆的监管要以其为主体具体展开。不过，当前基层组织动员群众遭遇着动力和方式的双重困境，呈现无力状态。税费改革之后，基层干部做群众工作的动力降低，基层工作中的治理权力和治理责任双重弱化，基层组织更多的只是上级工作任务的被动实施者，没有动力也没有很多机会与群众打交道。在村庄德治建设的群众动员方面，基层组织既没有动力，也缺乏实际的经验。

当前各地农村在充分发动村庄理事会、“五老”群体作用、屋场会等方面进行了一些探索，但是总体上看，群众动员的经验仍然不足。基层组织的无能为力使其只能被动承担上级行政命令式的文化供给，缺乏动力更没有能力去反映和满足农民真正的文化诉求，无法引导和帮助民间文化组织合理、健康发展。进一步来看，由于基层组织缺乏组织力和凝聚力，村规民约和乡风民俗等道德规范成为纸上公约，在执行过程中面临着在群众中认可度不高、约束力不足，同时缺乏有效的激励措施和惩戒手段等问题。

（三）德治建设的长效机制尚不健全

乡村德治建设非一朝一夕之功，须建立常态长效机制。这方面有以下不足：

一是乡村德治建设的阶段性成果缺乏后续稳固机制。阵地建设方面重建设轻管理。近年来各地既有政府投入的大量村级文化建设，也有一些村民自发组织的文化建设。但两者都缺乏有效的后期维护和管理支持，导致不少前期德治建设成果艰难维持，有的甚至凋败。不少乡村文化广场杂草丛生、无人打理，健身器材处于无人维护的状态，遭到故意损坏。

不少民间志愿力量和民间文艺组织面临组织乏力、后继无人的危机。目前，H省农村农民自办文化现象逐步增多，民间文艺表演队、文化大院、传统民俗活动等已成为丰富群众文化生活的重要方式。但由于受农村人、财、物大量外流等因素影响，政府在这方面的保障机制不足，农民群众的文化参与平台消退，民间公共文化活动呈现出整体性衰落状态。

另外，移风易俗、取缔封建迷信、禁赌治赌等工作还处于“一松就反弹”状态，多地村规民约的激励约束机制尚未建立起来。

案例1：要求“名分”的村庄腰鼓队

寿北街腰鼓队于2006年由爱好文艺的村民自发组织起来，不以赚钱为目的，主要是锻炼身体、自娱自乐，兼活跃乡村文化。腰鼓队成立时有16名队员（3位老头，13位妇女），年龄多在50～70岁，设置1个团长（杨团长），1个副团长。为进一步增强腰鼓队的影响，获得村委会和村民一致广泛的认可，腰鼓队决定进行公益演出。2008～2011年，腰鼓队先后在4个村（东湖村、铁路村、头坛村、吕家河村）举办纳凉晚会、秋收晚会。演出的服装费和生活费由腰鼓队自筹，如在哪个村演出，就在当地队员家吃饭。九合村是寿北片区的中心地带，也是寿北集市所在地，杨团长精心组织，准备在寿北街一炮打响。但义演将要结束时，村书记聂某并没有出面讲话，腰鼓队形象大打折扣，队员很沮丧。汉川市每年举行文艺汇演，聂书记从来不通知腰鼓队参加。杨团长找村书记申请，承诺说："保证不给大队丢脸，只会赢不会输"，但聂书记说："农村的小老百姓，怎么能跟城镇里的比"，不予上报。腰鼓队成员不服气，专门去现场观看，发现有些参赛队的演技动作还没有自己过硬，腰鼓队成员感觉很苦闷，像孤儿，没人支持，没人关爱，没人过问。腰鼓队曾经数次向驻村的镇干部陈书记申请支持，希望新河开发区提供些义演设备，允许他们参加汉川文艺汇演，陈书记只有答复，没有下文。杨团长不服气，又向镇里写了三四次申请书，依旧没有答复。杨团长之所以对参加比赛汇演孜孜以求，主要是想获得政府认可和鼓励，这样他们的腰板会硬些，老百姓也会更理解些。（访谈对象，汉川某村腰鼓队队长，杨某，56岁，群众）

二是基层德治工作队伍尚未形成稳定的建设机制。当前乡村德治工作队伍面临着配备薄弱、群众工作经验缺乏、权责不匹配、行政激励不足、人心不稳、动力不够等困境，队伍建设尚不成熟。主要表现为部分地区基层党组织力量不强，在激活党员干部潜能上机制创新不够；等靠要思想严重，未转变思路主动培养人；尚未形成体制内的"正规军"和体制外的"游击队"互补、老中青年互动的队伍建设思路，未充分将那些懂基层、有威望的中老年乡村精英纳入队伍建设中来；对于乡村德治工作队伍的高层次培训、教育、指导不多，对于政策文件理解不够，实际工作经验积累仍然不足。

案例1：文化站"转制"的后果

乡镇配套改革之后，工作由虚变实，新的服务机制把文化站人推向农村文化建设的主战场，迫使我们改变观念，坚守在岗、敬业进取，扎扎实实干实事。但是，改革带来的负面作用也不可小看。一、机制不公，寒了人心。H省实施的"以钱养事"机制，把纯意识形态领域的文化单位与卖有形产品的单位一起改革，与中央对农村的文化政策相悖。连名称都没有准确性——有时称文化服务中心，有时称综合文化站。转制后最令人沮丧的是身份转换。文化人的身份成了打工仔。最令人反感的是要各种签字认可，每做一件事要找人签字评价。试问别的单位为什么不需要签字认可？国家一直强调文化的职能重要、职责重大，怎么用转制来让"一个社会人"承担文化发展的重大功能，用"农民签字"来评判搜集、整理、构思、编写等艺术创作过程？如今文化站的人

> 没有平台提干，没有身份晋升，加上一年一聘制，使文化站人心不稳定，对岗位的信心不足，失去理想信念，勉强做事、得过且过的思想较为严重。特别是文化站实行免费开放后，站内要人值守，站外要人服务，长年坚守在文化阵地上，其政治地位和经济待遇无法跟进，实在叫人寒心。如果说推行"以钱养事"新机制，旨在促进基层组织从管理型向服务型转变，但这改革的好机制为什么不是全面实施，反而在乡镇基层不一视同仁，偏偏在这些弱势单位推行，把我们弱小单位当成改革的试验品和牺牲品？二、人才难进，工作断代。首先是待遇过低，与社会上的收入分配状况不相适应，无法养家糊口，专职的体制使现有人才不安心；其次是这种体制使新的人才不愿意来。由于文化技能性强，工作条件差、政治地位低、待遇福利少，没有政治前途和发展空间，无法吸引优秀的专业人才进入基层文化站工作。三、供求矛盾，管理缺位。改革后的乡镇综合文化站工作人员由"事业人"变成了"社会人"，不能行使管理职能，而导致乡镇文化工作管理缺位。特别是近年来农村文化建设蓬勃兴起，从指导到管理，需要相当的精力去做，在非保工作、书屋建设、信息资源管理和村级文化辅导指导上有大量的工作要去实施。仅靠一个人的文化站去完成几十个村的文化活动指导是很难做到面面俱到的，势必导致领导有看法，群众不满意，影响文化工作成效。（访谈对象：英山县红山镇文化站负责人，中共党员）

三是体制机制上尚未形成各部门长效联动机制。文明创建中心、新时代文明实践办公室、文明实践指导中心、创建办等工作机构，职能、运行机制不统一、不明确，权责关系难以厘清，长效联动机制尚未建立；在指挥调度、统筹推进、责任分工、考核评比、督办机制等方面难以联动、协调，导致乡村德治工作考核评比多、创建达标多、检查督查多、多头指导等问题，基层工作人员疲于应付，难以真正开展工作。

（四）德治推进手段相对单一

当前乡村德治工作，在推动上主要以政府为主，在手段上主要以考核监督为主。德治建设主要在政府行政设计框架下展开，没有认识到德治建设是具有很强群众性的"软任务"，无法单靠"硬性的"行政指标进行量化。德治水平提升需要促进三治融合，这方面的不足在于：

一是没有充分发挥自治在德治建设中的载体作用，没有充分激发基层组织在德治建设中的活力、创造性与主体性。没有将德治嵌入村民自治中，依托村民自治框架，在村庄选举、落实惠民政策、回应群众需求等实际工作中加强德治建设；县乡村三级联动的基层需求动态评估体系尚未建立，乡镇"第一线"的特点没有转变为优势，难以围绕群众需求敏锐地寻找乡村德治建设的新增长点。

二是没有充分发挥法治在德治建设中的保障作用。当前德治工作推进中，对于法治的保障性作用的强调仍然不足。乡村德治强调宣传教育感化，而忽视了法律惩戒转化机制的重要作用，在德法共建、三治攻坚方面仍然缺乏顶层设计和综合治理思路。基层法治组织框架比如村级法律顾问等基本覆盖，但是潜能未被激活，作用不明显。对基层道德守法行为和道德违法行为界定不具体、不清晰，干预、惩戒措施不明朗。村规民约、乡风文明建设的法律约束力不够，乡村德治建设的法律支撑仍然比较单薄。

(五)资源投入机制急需优化

近年来，政府在乡村德治建设中投入大量人力物力财力，设置了多个工作机构，形成了多支工作队伍，完成了大量的德治基础设施建设，开展了一系列的文明创建、道德评选和文艺文化活动。从资源投入上来看，基层德治建设中的突出问题不在于对农村人财物资源投入短缺，而在于资源整合程度和资源使用效率不高，主要表现在以下几个方面：

一是资源的输入与农民实际需求不对接的问题。当前绝大部分农村地区的德治建设的主要资源来源于财政资源，很多项目资源直接投放到基层，但没有激发群众参与建设的主动性，面临着资源下乡的"最后一公里"难题，资源难以同群众实际需求和乡村具体情况相对接。在这种情况下，有些政府投入修建的基础设施非常华丽，但农民不愿意去；有些农民自己出钱修建的基础设施虽然简陋，但是农民反而愿意去。比如，不少农家书屋常年空置，多数地方的电影下乡也无法吸引农民。

案例1：官桥村的篮球场

官桥村有一个篮球队，说是"篮球队"，其实并不是一个正式的运动队伍，只是有篮球爱好的村民聚到一起玩。从参与者的特点来看，主要是由50岁以下的中青年男性组成，他们对篮球运动有一定兴趣。从这群人的收入结构上来看，或是在村经商，或是种田为主打工为辅，耕种规模较大，一般在十亩以上。每当学校放假时，外面求学的学生回乡，组成"学生篮球队"，而在村的村民组成"农民篮球队"，两个队经常在一起比赛。

有了篮球队就有篮球场的需求，官桥村现有两个篮球场：一个是政府出资修建的，花费了几万元，且考虑到占地问题，将篮球场设置在村委会办公室旁边，但是因为离人口密集区比较远，很少有村民去那里玩，这个很正规的篮球场平时就空置在那里；另一个是当地的刘姓村民用学校淘汰的篮球架，在自家屋后的空地上建成的，虽然非常简陋也不正规，但因为离农户聚居区比较近，经常有村民在一起打球，成为中青年男性村民主要的健身运动场地。（访谈对象：官桥村六组村民刘某，群众）

二是政府的资源投入缺乏灵活的形式，资源投入侧重于基础设施的"硬件"建设，而忽视对文化创建活动开展等的"软件"投入。当前多数村级集体经济比较薄弱的情况下，农民开展的各项文化活动的运转主要依靠项目资源和财政转移支付。但是，当前政府专用于开展文化活动的资金项目相对来说还比较少，民间组织的文化活动难以得到支持，且由于审核标准不一、审核过于严格，申请起来非常困难，通常是在民政部门正式注册的群团组织才有机会申请到维持组织运转和开展各类活动的经费。相比较而言，在文化基础设施建设上的投入看得见摸得着，比较容易看出效果，在申请标准上相较来说比较清晰统一，容易审核通过。资源投入形式上的死板和困难导致许多农村非正式群众组织在灵活开展的各种精神文明活动时缺乏必要的项目支持和经费保障，不少村庄文化活动开展活动的频率、规模与形式受到限制。如何在"软件"和"硬件"之间实现资源的相对均衡投入，仍需要结合地方德治建设实际进行制度上的探索。

访谈1：政府的文化投入

问：政府投入力度怎么样？

答：2006年以后，政府的投入力度加大，中央和省里都有一些专门为文化建设提供的项目，我们可以申请项目资金，通过项目资金搞文化投入。

问：投入有多少？

答：总的数目没有统计，但我们镇里的电影院重修，上面就给了12万元。

问：主要是一些什么项目？

答：比如农村里的农家书屋、篮球场等体育设施以及电脑等其他公共文化服务设施。（访谈对象：浠水县某镇文化站站长）

民间文化组织是农村文化建设中政府供给的重要补充。民间文化组织因为产生于民间，相对于政府供给，更能够反映和满足农民文化需要。因此，基层文化组织要为民间文化组织提供良好的生存环境和制度环境，积极参与竞争，通过竞争实现自身文化服务质量的提升。同时，建立县、乡、村三级监督体系，在对符合社会主义核心价值观、丰富农民积极健康文化生活上的文化组织，要加大扶持力度，增加精神和物质鼓励；而对于有悖于社会主义核心价值观和价值规范的文化组织，要坚决打击取缔。

三是不同部门资源缺乏统筹。不同部门或不同机构之间各自为政，项目优化设计不足，导致资源投入或过于集中，或过于分散，资源投入缺乏合理分配，效果不明显。同时，资源在不同村庄之间的投入不均衡，资源投入倾向亮点村而忽视普通村庄。亮点村通常是地方政府重点关注和政策倾斜的对象，承接了不同部门绝大部分的资源投入，因此通常各项基础设施都比较完善。相比较之下，普通村庄一般是基础性、普惠式的项目资源投入，投入的资源通常有限。资源投入政策上的过度不均衡带来一部分村庄资源过剩，而另一部分村庄资源缺乏，人为拉大了不同村庄之间的差距，各方面基础好的村庄基础更好，各方面基础弱的村庄更弱。

四是资源的多元主体供给平台和渠道尚未打通，缺乏对于市场力量和其他社会力量的引入和监管。当前的精神文明建设资金供给以政府为主体，主要是通过项目资金和财政转移支付的形式投入具体的文化设施和文艺活动，缺乏对于其他主体的挖掘。一方面，缺乏对于内在于乡村熟人社会资源的挖掘，尤其是乡村内生的文艺人才、闲置资源、民间文化组织等的激活和支持；另一方面，缺乏对于市场力量和其他社会力量如公益组织的引入和支持。

访谈1：民间乐队的困境

我以前在部队里是文艺骨干，能唱会跳，2007年组织了一个乐队，谁家办事情就请我们。刚开始那几年还可以，我一年可以有2万多元的收入。但是近两年情况有了变化，每年收入最好时才有1万多一点，收入减少了将近一半。除了乐队多了，竞争大以外，最重要的原因是质量老是提不上去，每年唱的跳的还是老样子，村里人都看腻了。但是我们又能有什么办法呢？我们也想请外面的职业人才指导，但是没有钱，根本请不来；即便去请，别人也不愿意到我们乡下来。所以只能是维持现状，我估计再有五年我们这些民间乐队会被彻底淘汰。（访谈对象，杨某，民间乐队负责人）

事实上，要想推动文化供给体制的改革创新，必须在现有体制外建立增量，形成新的资源渠道和竞争主体，提供文化创新的动力。因此，必须扶植形成一批文化市场主体和民间文化组织，赋予他们与政府文化供给形式平等的待遇和机会，吸引民间力量参与农村基层公共文化建设。同时，对这些文化组织进行实时监督、管理，保障其提供的文化产品符合农民文化诉求和社会主义核心价值体系的要求。但是政府不直接参与组织管理，而是要把管理权给到民间，做到“有所为、有所不为”。

四、原因分析

(一)从历史上看，农村精神文明建设存在较多欠账

人民公社时期，国家调动了大量资源用于提高农村经济发展水平，并加强农民思想政治教育，伴随着农业增产，农民精神状态大幅提升。改革开放以后，国家将建设中心放在了城市，弱化了对农村社会的持续投入，使得农村经济社会建设和精神文明建设严重滞后于国家发展。

取消农业税费以后，国家加大了对农村经济建设资源投入，但对农村精神文明建设投入依然不足，农村社会无力抵挡腐朽价值观的侵蚀，农民道德素质下降、政治信念滑坡，社会风气恶化，精神文明建设成了乡村振兴短板。

(二)从发展上看，乡村社会转型带来了诸多难题

截至 2019 年，H 省农民工数量已超过 1000 万，城市化率达到 60%以上。务工经济发展和城市化率提升推动了社会经济持续进步，也给乡村德治工作带来了一些问题。

一是农村人口空心化、老龄化严重，德治工作难以开展。当前有能力、有文化的年轻人外出，老年人成了农村人口主体，他们往往文化程度不高、思想观念陈旧，很难接受各种新观念、新思想，导致乡村德治建设工作难以推动。

二是农村社会分化导致道德规范和村规民约不再具有约束力，德治实践面临困境。市场经济条件下，农村职业分化、经济分层加剧，农民之间利益、情感纽带弱化，农民个体化严重，农村社会凝聚力减弱，对不合理行为的制裁能力弱化，道德规范和村规民约失去约束力。

三是功利主义价值观蔓延，德治作用难以发挥。市场经济包含的功利主义价值观不断向农村渗透，互联网和新媒体的发展加剧了这种趋势。农民对农村

公共事务关心关注减弱，对道德宣讲、思想教育、文化传承等德治活动缺乏兴趣；传统价值观念受到冲击，炫耀、显摆、攀比之风在农村中盛行，封建迷信也沉渣泛起，德治工作面临压力。

（三）从治理上来看，"三治"关系还没有完全理顺

推动乡村德治需要将自治、法治、德治有机结合起来，发挥自治和法治对德治建设的支撑性作用。但在具体工作中，往往只就德治谈德治，尚未找到三治融合的具体路径。

一是自治在德治建设中发挥的作用有限。部分地区在提升农民思想素质、营造良好乡风的过程中，没有坚持农民的主体地位，将德治建设工作变成了政府强力改造农民和农村社会的过程，严重忽视了村民自治在思想教育、规范制定、共识达成等方面的功能。这导致农民对各种德治建设活动的参与积极性不高，对村规民约和道德公约的认可度偏低。在该条件限制下，农村精神文明建设和德治工作推进，都很难取得突破性进展。

二是法治在德治建设中严重缺位。自治是德治的重要载体，法治则是自治的有效保障，因此，法治对于德治起着重要的支撑性作用。《中华人民共和国村民委员会组织法》明确规定，在不违背国家政策和法律法规，不侵犯农民人身权利、民主权利和合法财产权利的情况下，村庄社会可以通过召开村民会议，自行制定、修改村规民约，在报乡镇人民政府审核备案后，村规民约可以作为自治依据。但在实践过程中，却并没有法律授予村级组织相应的执法权，因而由农民集体制定的村规民约对个体农民的约束力非常有限，这是德治难以落地的重要原因。

（四）从自身上来看，德治工作难以抓实

和经济建设等工作不同，德治工作存在特殊性，工作过程涉及对农民意识形态、社会风气的塑造，存在难以考核、见效慢、非标准化、综合性较强等特征，使得德治建设工作本身便存在客观上的困难。

一是德治建设工作难以考核，工作开展缺乏抓手。德治建设工作的目标是提升农民的精神素质，改善农村的社会风气，实现"以德治国"。要考核德治建设工作效果，需要对农民的道德素质、意识形态、精神境界进行考察，这显然难以办到。因此，对德治建设工作的考核大多存在机制不健全、指标不清晰、目标难量化的问题，容易浮于形式，对促进工作效果有限。

二是德治建设工作具有长期性，短期内难以见到成效。要提高乡村德治建设水平，提升农民精神素质，改善农村社会风气，需要长期持续性努力才能实

现,无法在短期内见到成效。因此,即使基层组织做了大量工作,乡村德治水平也很难在短期内得到大幅度提升。

三是德治建设工作具有非标准性,难以通过标准化手段加以推进。德治建设工作的对象是农民精神素质与社会风气,属于"上层建筑"范畴,须与经济基础和社会基础相适配。不同地区的经济发展水平和文化传统有差异,需要以不同方式来开展德治工作,这也增加了乡村德治工作难度。以 YC 市整治"酒席风"工作为例。位于山区的 ZG 县是国家级贫困县(已摘帽),而位于平原地区的 YD 县级市则是全国百强县,这两个县的经济条件差异极大,显然不能为它们制定相同的酒席规格、人情标准。

四是德治建设工作具有系统性,依靠单一部门难以推进。乡村德治涉及诸多部门,提升农民政治素质是宣传部的工作,营造文明乡风是文明办的工作,扶贫扶志是扶贫办的工作,提高农民文化素质则是文旅局的工作。每项具体工作的推进还需要编办、财政局、民政局、农业农村局等部门支持。因此,仅依靠宣传部门,无法全面推动乡村德治工作。

(五)从主观上看,部分领导干部的观念认识还有偏差

基层领导干部对乡村德治的认识是影响工作效果的重要变量。部分基层领导干部对乡村德治的重要性和性质的认识存在一定偏差,导致工作难以推进。

一是部分基层领导干部对德治建设工作重要性的认知存在偏差。认为德治是"软约束",不像法治那样刚性,也没有自治那样直接,效果不好评判,因此对乡村德治不够重视。实践中德治工作往往是"说起来重要,干起来次要,忙起来不要",缺乏长期、系统规划,号召多,落实少。

二是部分领导干部对德治建设工作性质的认知存在偏差。德治工作具有明显的群众性,提高乡村德治水平关键是要把农民动员起来,让农民成为乡村德治的主体。但在实践中,部分领导干部将德治工作理解成了普通的行政任务,依然习惯于利用行政手段推动工作,部分地区甚至存在由政府制定村规民约、利用经济奖励诱导农民遵守的现象。这些行政手段不是没有积极效果,但没有激发农民积极性,农民的真实需求没有得到表达,农村本土资源没有得到充分挖掘,一旦政府的工作重点转变,减少对德治工作的资源投入,乡村德治水平又会下滑。

(六)从投入上来看,资源配置不够精准合理

当前部分农村地区德治资源配置存在不够精准、不合理问题,导致德治工

作面临困境。

一是资源投入存在区域性不均衡。在德治建设过程中，部分地区倾向于将优质资源集中投向一个村庄，利用大规模的资源投入将目标村庄打造成为“亮点”，作为政绩展示平台。这种集中资源打造亮点的做法固然容易出效果，但是推广意义有限，复制经验容易造成资源使用低效。同时，除了亮点村，其他村庄德治建设水平则相对落后，导致乡村德治发展不平衡。

二是资源投入没有对接农民需求及农村社会特点。在德治建设过程中，部分地区将其作为行政任务来完成，完全由基层组织来推进，农民缺乏表达空间。这导致这些地区的德治工作与农民需求及当地农村社会特点不契合，难以调动农民积极性。因此，就可能造成德治工作下了功夫，德治活动也种类丰富、花样繁多，但实际效果可能一般。

三是资源投入缺乏统筹。部分地区在开展德治工作时，没有对资源进行统筹使用。涉及乡村德治工作的部门较多，包括宣传部、文旅局、民政局、文明办、农业农村局等，都有一定资源投入，但由于缺乏统筹，导致乡村德治工作不成体系，力量分散，效果有限。资源投入也缺乏持续性与稳定性，没有在短期硬件投入和长期运转资金之间做好平衡，导致许多德治建设项目在建设时“风风火火”，建好后无法持续运转。

四是资源投入主体单一。当前乡村德治建设主要依靠公共财政投入，没有建立起政府、社会、市场、集体、村民共同参与的多元投入机制，导致乡村德治建设工作资源投入总体不足，延缓了相关工作的推进速度。

五、对策建议

（一）进一步加强党组织对乡村德治的全面领导

农村基层党组织在乡村德治中起着统览全局、协调各方的领导核心作用。一是要加强农村基层党组织对乡村德治的组织领导，为乡村德治提供组织支撑。强化基层党组织政治领导的核心作用，把基层党组织政治优势转化为乡村德治优势，加强党组织对各类群众性组织的嵌入引领，使之有序参与乡村德治，增强政治认同和思想认同，始终保持与党同心同向，确保乡村德治在组织上有支撑、在政治上有保障。

二是要加强党的政治思想建设对乡村德治的思想领导，确保乡村德治的政治方向。强化基层党组织思想引领作用，把握乡村德治正确方向，把政治性、思想性放在首位，加强农民思想、信念教育，把社会主义核心价值观转化为农民行为习惯，引导农民树立良好道德风尚，构建新时代农民思想道德体系，提高乡村文明程度和群众文明动力。

三是要推动农村基层党建对乡村德治的工作引领，为乡村德治构筑良好的政治生态环境。坚持从严治党与乡村德治统筹推进，建立健全“党建＋德治”工作机制，努力形成党风政风与乡风民风双向互动、互促共进工作格局。适当提高德治工作在基层党政领导班子考核中的比重，做到“两手抓，两手都要硬”。

四是要发挥党员先锋模范作用对乡村德治的示范带动，为乡村德治提供榜样力量。充分发挥各级领导干部、全体党员及亲属以身作则、率先垂范的榜样力量，推行无职党员设岗定责和定期述责制度，探索建立党员干部回乡走访和退休干部回乡服务制度，让党员干部及家属成为农村见贤思齐的身边榜样，形成领导示范、党员带头、以上率下的良好局面。

(二)进一步加强自治对德治的支撑功能

提升乡村德治水平时，各级组织要认识到德治工作的群众性，健全和完善村民自治体系，充分发掘村民自治资源推动乡村德治。

一是要加强村民自治，为乡村德治提供权威资源。在乡村德治实践中，群众性组织的建立、人员构成和变更、村规民约制定、文化活动开展、公益事业兴办等，应通过村民大会、村民代表会议、村民理事会等形式，广泛听取村民意见建议，反映民意，在村民积极参与下达成共识，将乡村德治的各项要求转化为权威性规范和准则，促进村民道德养成。

二是要加强村民自治，为乡村德治提供多元主体。全面落实村民自治组织主体责任，扩大村级民主，充分发挥村民代表、小组长、中心户长等作用，调动群众有序参与，扩大乡村德治主体。建立红白理事会、道德评议会、乡风文明理事会等群众性组织，吸纳新乡贤、乡村精英，发挥组织引导和带头示范作用。通过村民自治组织、群众性组织等动员群众，发挥主体性作用解决身边德治问题。

三是要加强村民自治，为乡村德治提供组织载体。健全村民自治组织，确保其自治属性，减少行政任务和行政干预，以出台落实符合实际的乡村德治措施。发挥乡风文明理事会、红白理事会、道德评议会、村民议事会等组织作用，开展相关活动，监督落实相关制度，对德治相关行为给予奖惩。引导组建群众性文体组织，开展个性化、日常性文化服务活动，打通乡村德治“最后一公里”。

四是要加强村民自治，为乡村德治提供激励约束。制定道德标准评议体系，设立评议机构，选出思想觉悟高、群众基础好、责任感强的村民担任评议员，发挥道德感召力和影响力。建立道德奖励机制，将村民道德行为和道德积分作为开展村务工作的参考，在事关切身利益事项上予以体现。强化自治约束力，因地制宜制定村规民约、公民公约，鼓励引导农民制定家规家训，推行文明星级管理机制，发挥约束社会行为、保障公共利益、化解矛盾纠纷的积极作用。

(三)进一步加强法治对德治的保障功能

在乡村德治建设过程中，法治是德治的重要保障，乡村法治社会是乡村德治运行的社会基础。

一是在乡村德治实践中，要运用法治解决德治难以解决的问题。加强法制对农村自治主体行为的约束，提高法治意识，防止违法乱纪行为，规范自治组织运行。运用法律对村规民约的制定和执行进行监控，防止失效和失信。推进乡村法治社会建设，解决法律意识淡薄带来的道德问题。

二是在关涉乡村的立法实践中，要体现本地德治思想。发挥地方性立法在德法结合中的积极作用，授权地方立法机关将符合社会主义基本道德规范的本地道德准则、行为习惯给予立法明确；对于乡村公众普遍反对的不良社会行为和陈规陋习，给予立法禁止；对于本地良好风尚和社会善行，给予立法肯定。要根据乡村社会道德建设现状、变化，对乡村法律进行适时修订。

三是在关涉乡村的执法实践中，要实现德法有机结合。通过严格执法，树立违法即违反社会道德和公序良俗的法治理念，实现法律调整和道德调整统一。对于乡村社会存在的制假售假、欺凌弱小、寻衅滋事、聚众赌博等违法犯罪行为，要加大执法力度，净化社会风气。对于乡村商业活动中不正当竞争、消费欺诈、强制交易等破坏市场秩序行为，开展集中整治行动，营造有序市场环境。对于乡村文化市场上违反社会公德、发布虚假广告、破坏社会风气、削弱主流文化等文化乱象，依法予以惩处，营造积极健康、规范有序、向善向好的乡村文化环境。

四是在关涉乡村的司法案件办理中，应注重德法结合。在依法惩治违法中加强道德教育和价值引导，考虑违法行为给社会公德、文明风俗造成的影响。对于违反基本道德要求的社会丑恶现象，应依法从重处罚。对于孝老爱亲、保护弱者、体现真善美的社会善行，应给予积极评价。

五是在乡村普法宣传实践中，应注重德法相结合。建设一支具有较高法治素养和道德修养的乡村普法宣传队伍。优化普法宣传内容，坚持社会主义核心价值观的指导地位，注重乡村规则文化培养，为乡村全民守法营造良好道德氛围。创新普法宣传方式，把道德宣传和普法宣传紧密结合起来，对于法律中的道德要求在普法宣传中宣传到位；对于既违法又违反社会公德行为，要从违法性和违反道德性两方面加强宣传和引导。

(四)进一步优化资源投入

德治建设需要资源投入，合理的资源配置是德治建设顺利开展的前提。

一是要加强乡村德治资源的均衡投入。既要集中资源投入，打造“亮点”“标杆”村庄，形成典型引路、示范带动、以点带面、辐射区域的德治局面，又要在各村之间均衡投入，使乡村德治水平同步稳定提高。既要有单项投入，发挥重点工作带动作用，又要有综合投入，重视德治工作全面发展。

二是要加强乡村德治资源投入与农村实际的精准对接。在投入内容上，紧盯群众所思所想，把准新需求、满足新期待、回应新关切，改革送电影下乡、农家书屋等不符合农村实际的公益文化供给。文化活动站、体育场地和老年人活动中心是农民的主要文化需求，比率分别是56.9%、55.4%和56.6%。在投入形式上，做到生动活泼、喜闻乐见，要用群众喜欢的方式、熟悉的语言，围绕群众关注的问题开展活动。

三是要加强乡村德治资源投入的统筹协调。以新时代文明实践中心(所、站)建设为基础，将农村精神文明建设与乡村振兴、基层社会治理结合起来，做到同步规划、同步推进、同步考核。整合和统筹使用宣传部、文明办、文旅局、民政局、农业农村局等部门相关资源，确保资源投入的持续性和稳定性，做好短期硬件投入和长期运转资金的平衡。设立农村精神文明建设专项资金，纳入本级财政预算。

四是要加强乡村德治资源的多主体投入。建立政府主导、市场参与、社会支持、集体投入、村民捐助的资金投入机制，拓宽资源渠道。要建立严格的公共财政投入机制，把乡村德治资金保障列入政府工作计划，争取各级各类财政补助专项资金。多渠道引入社会资本，鼓励通过承包、采购等方式参与乡村文化建设。加大对村集体专项转移支付，引导村集体改善德治硬条件和软环境。完善群众性组织开展捐资捐物、义务劳动等活动的资金支持政策。

(五)进一步发挥群众主体作用

乡村德治建设要充分发挥农民主体作用，宣传发动群众，激活群众文化自觉，提高工作成效。

一是要充分发挥乡村精英的作用。加强对乡村精英的组织、调动和引导，发挥他们在乡风文明建设、传承地方优秀传统文化、维护乡村秩序、兴办公益事业等方面的引领和示范作用，强化村民对乡村的认同感、归属感、责任感。吸纳乡村精英参与文体活动场所管理，丰富文化活动，提高活动场所利用效能，吸引更多村民参与健康文明社会生活。

二是要充分发挥农村妇女的作用。认识到留守农村的妇女是当前农村最有生气、活力的群体，通过开展文明家庭评选、文明知识宣讲、文化产品进家等活动，树立农村妇女乡风民俗新理念、敬老养老新观念，培养健康文明科学生活方式，带动家庭成员互学互比互看。引导妇女积极分子组建文艺组织，带动其他村民参与，开展形式多样的文体活动，丰富农村文化生活。

三是要充分发挥农村低龄老年人的作用。将农村低龄老人组织起来，成立老年人协会，开展健康向上的文娱活动和老年人慰问活动；组织老年人卫生志愿服务队，参加义务清扫活动，促进村民环保意识；组建矛盾调解小组，吸纳低龄老人参与调解；推动互助养老，组织低龄老人照顾高龄老人。

四是要充分发挥文化活动宣传队的作用。坚持文化服务下移，把“三下乡”等服务活动由点到面、由节日到日常、由集市到村庄全面深入地开展起来。坚持文化资源下移，引导组建农民主体的宣传队伍，变政府“输血”为自身“造血”。激发农村自身文化活力，挖掘一批具有传统特色、群众喜闻乐见的民间艺术和民俗表演项目，培养一批有乡土特色的农民文体宣传队伍和文化能人，丰富农民文化生活需求。

（六）进一步创新方法手段载体

乡村德治建设要与时俱进，创新工作方法，丰富工作形式，增添工作载体，不断扩大和巩固新时代乡村德治的成果。

一是要重视传统有效的形式。采取课堂集中讲习、院坝会、板凳会、技术下乡、课堂入户、服务上门等方式，开展相关培训。采取公示公告、发放宣传单、明白纸、小册子等形式，宣传相关规定。利用主题党日、群众大会、小组会、村务公开栏等载体，进行相关内容宣传。

二是要用好典型引路的形式。发动基层群众分层推选道德模范、时代楷模、最美人物、身边好人，广泛推出各行各业先进人物，突出表彰宣传做出重大贡献、群众认可度高、社会影响力大的先进典型。开展形式多样的学习宣传典型的活动，关心关爱先进模范人物，旗帜鲜明地捍卫英雄模范。

三是要创新志愿服务的形式。将农村党员干部、乡村“五老”、大学生村官、文明示范户、科技示范户、回乡大学生、学校教师等吸纳到志愿者队伍中来，广泛开展志愿宣传和服务活动，拓展乡村德治覆盖面。

四是要推进创评工作的形式。组织开展文明乡镇（村、户）、书香家庭、道德模范评比活动，发掘群众身边勤劳致富、助人为乐、孝老爱亲典型。完善乡村文明考评体系，建立镇与镇、村与村、组与组、户与户之间互评互查机制，推进奖优罚劣动态化、经常化，促进乡村德治环境长效化。

五是要利用信息技术和现代科技手段。注重抢占新媒体高地，树立新媒体思维，从“知网懂网”到“善于用网”，利用自媒体和移动传播，做好新时代农村宣传思想工作。充分利用大数据系统，采集农民需求信息，科学分析数据，实现供给内容方式与需求偏好精准对接。

第四章　生活治理：婚姻家庭、代际关系与农民生活

一、个案村概况

Q 村隶属 H 省 JM 市 S 县，全村人口 887 人，外出务工人口 150 人左右；计税耕地面积 2818 亩，人均耕地 3 亩左右。该村是个杂姓村，村内分布着张、何、王、李、刘、余、胡、卢等 20 多个姓氏，其中以张姓、何姓人口居多。村庄姓氏分布呈现出“杂且散”的特点，不仅姓氏数量多，而且每个姓氏人口都分布得比较分散。

全村共分为 6 个村民小组，其中三组、四组和六组没有专职组长，一组、二组和五组的组长由 3 名村干部兼任。这 3 名村干部分别为村支书（兼任村委会主任）、村会计和妇女主任。其中村支书的工资为 5200 元/年，村会计和妇女主任的工资分别为村支书工资的 90% 和 80%。组长的工资为 2000 元/年。此外，村里还有 4 名退休村干部享受干部补贴，额度分别为每人每月 20 元、30 元、40 元和 50 元。

Q 村是一个典型的农业型村庄，其所在地区是稻麦混合种植区。村民每年 7 月左右开始插秧种植水稻，到 9 月底收割，至霜降时开始播种小麦。除此之外，许多村民还会种植油菜和玉米。2000 年以后，打工经济开始兴起，村里陆陆续续有越来越多的村民外出务工，外出打工者多是通过亲戚、朋友介绍出去的；也有少量村民在外面从事经商活动，尤其是一组，有较多的人在云南昆明从事小饰品的贩卖活动，这些人也是通过亲缘关系发展起来的。养猪是村民的主要副业之一，一般村民家里都会养猪，少则一两头，多则几十上百头，有 5 户农户

养猪规模在100头以上。养猪成为一些村民的重要收入来源。

如前已述,Q村是一个开放的村庄,村庄内生权威缺乏,因而,外来事物比较容易就能够进入村庄。与此相应,国家力量对村庄的渗透比较强,其村庄秩序主要体现为外生性秩序。村民对作为国家力量代表的基层组织的认同程度也比较高。下文将重点讨论Q村村庄治理的若干方面。

在Q村,自新中国成立后,在国家意识形态的渗透下,村民很快接受了包括男女平等、科学主义的一整套现代观念。调查时,许多村民都说,我们这里的人没有性别歧视,男女都一样。村中自20世纪80年代开始大力推行计划生育政策,且执行力度比较大。在国家强力介入之下,村民的生育观念也转变比较快,生育欲望得到极为有效的控制。在1980年代以后生育小孩的夫妇,基本上只有两个及以下的小孩,极少数家庭生育三个及以上小孩。即使是那些只生育了女孩的独女户或者双女户,他们也不会再选择超生。因为,在他们看来,超生没有必要,男女都一样,何必养那么多小孩呢?由此,Q村的计划生育政策执行得比较容易,计划生育也极少被村干部当作一个头疼的问题。

在税改之前,收取"三提五统"农业税是乡村干部的另一大任务。据说,Q村的钉子户比较少,很少有村民家里有钱但故意不交税费的情况,村民拖欠税费大多都是因为手里确实没钱,家庭经济条件极为困难。也正因此,尽管当地的农业税费负担较重(最高时段是在1998年左右,亩平均负担在300元),但在取消农业税之前,Q村的税费尾欠相对较少。

我们在其他地方农村调研时了解到,取消农业税后,一事一议政策大多都无法推行。然而,在Q村,一事一议费用每年都在照常收取,标准是每人每年15元。此外,村里至今还统一组织水利灌溉,收取共同生产费。在该村,二组、五组和六组主要靠山泉灌溉,不用打井,而一组、三组和四组则有很大一部分水田要靠机井灌溉。由于灌溉方式不一,如果靠农民自己去合作灌溉,那么肯定难以成功。在这种情况下,村里出面组织村民挖掘机井,买水泵,建立大型泵站,并在全村范围内组织收取共同生产费。尽管有些依靠山泉灌溉的村民对村里收取共同生产费有意见,但是,由于村级组织的强有力,他们也选择了服从。

由于Q村的村级组织不仅在村庄内部拥有较高的权威,能够较为有力地动员村民,而且还拥有较强的对外、对上活动能力。2006年,Q村获批为"扶贫开发重点推进村"。此后至今,全村共获得各类公益事业经费60多万元,所投资的主要公益事业项目包括通村公路、渠道硬化、电力整改、村办公室维修和四组修桥。详细情况见表4-1和表4-2。

表 4-1　　　　　Q村近年公益事业经费来源表　　　　　单位:万元

来源	县扶贫办	计生局	人事局	县团委	房产局	县纪委	人民医院	县移民局	县交通局	合计
数额	10	3	2	2	3	2	3	3	20	48

表 4-2　　　　　Q村近年主要公益事业项目表　　　　　单位:万元

项目	通村公路	渠道硬化	电力整改	村办公室	四组修桥	合计
资金数额	42	8	5	5	4	64

二、村庄的性质

Q村村民的居住格局较为分散，村民的房屋这里一栋，那里一座，或三五成群，形成一个个规模极小的自然村落，村民们称之为“湾子”。全村共有38个湾子，最大的湾子有17户人家，最小的湾子则只有一两户。

极为分散的居住格局与当地的地理环境和土地样态有着极为紧密的关联。该村所在区域为丘陵地带，高低不平、错落有致的小山坡、小丘壑将土地切割成小小的块状，甚至有许多村民的土地就坐落在山坡上，形成一片片颇有规则的梯田。在这样的地理条件的约束下，村民们的田地都极为分散，为了耕作的方便，村民在建房时就需要慎重考虑房屋的选址，尽量让房屋离土地更近一些。当大家都为耕种方便而考虑时，便形成了分散居住的格局，从而迥异于其他大部分地方农村的农民惯于聚族而居、形成规模庞大的自然村落的情形。

表 4-3　　　　　部分访谈村民土地形态统计情况表

姓名	黄民才	何学林	谢一平	吴振昌	曾不强	肖仁华	肖胜志	欧振高	朱新贵	卢尤荣	许三强	张义发	谢俊义	合计
面积/亩	15	11	5	16	10	14	10	7	13	2	13.9	7	13.8	137.7
块数	47	60	19	39	50	60	40	22	80	30	27	18	18	510
大块/亩	1.4	1	1.1	2.3	0.8	2.9	1	1.76	1	0.15	1.2	1.75	3.3	—
小块/亩	0.05	0.07	0.02	0.04	0.08	0.03	0.03	0.05	0.04	0.02	1.2	0.14	0.15	—

说明：本表数据由笔者根据访谈资料整理而成。

从表中可以看到，在这14户人家中，总土地面积为137.7亩，总块数为510块，每块土地的平均面积为0.27亩。每一户人家的土地块数都在18块以上，最多的一户多达80块。最大的一块土地面积为3.3亩，最小的一块土地面积只有0.02亩。其土地细碎化的程度确实较高。

话说回来，尽管这里的居住格局较为分散，但却不是一盘散沙，或者说是散落的马铃薯，而是形成一个个或大或小的湾子。如此一来，湾子对于村民而言的重要意义便得以凸显，它不仅是村民进行日常生活往来的单位，同时也是大家开展互助合作和人情往来的基本单位。

首先，湾子是村民的一个重要的人情圈。当村民家里操办红白喜事时，本湾子里的人一般都会来“赶人情”。人情的数额标准不定，主要看关系远近。近几年来，村民的人情开支数额骤增。在2007年，一般关系的村民、邻居来主人家送礼“赶人情”，至少需要50元，2008年猛涨至100元。人情上涨的主要因素，一是物价上涨，二是受整个社会大环境的影响，社会上的人情大战波及村庄。值得一提的是，村里的人情往来的标准主要受村民之间关系远近、亲密程度的影响，而较少受到血缘关系的制约。尽管有的村民之间血缘关系较近，但是如果双方因为发生矛盾纠纷而使得关系淡化，那么其人情往来也会受影响；如果双方没有血缘关系，但是感情较深，关系密切，那么双方的人情往来也会较深且重。也就是说，制约村民人情往来的主要是社会性因素，而血缘关系的制约作用相对较弱，这也表现出村民务实、理性的一面。

其次，湾子是村民操办红白喜事的一个重要合作单位。在以前，当村民家里举办婚事等红事时，如果主人家邀请湾子里的其他村民帮忙，那么其他村民一般都会来帮忙，尽管这种帮忙不是无偿的、义务的，而在很大程度上表现出互惠性，当别人给自己帮忙时，自己以后也要去给别人帮忙，以偿还自己所欠别人的工夫。近十年来，一些村民操办酒席时，开始倾向于把筵席承包给厨师，由厨师负责请工带人来做饭，并自己带桌凳碗筷。承包的方式有两种，一种是大包，另一种为小包。大包的费用标准一般是16元/桌，小包则为10～12元/桌。自这一市场化、专业化的承包机制进入村庄之后，农民原有的传统互助合作便宣告瓦解。不过，市场的机制也并没有完全取代村庄的传统合作体系。当村民家里有老人过世、操办丧事时，本湾子的人都要来帮忙，这是长期以来形成的软规则。举办丧事的主家不用给钱到这些来帮忙的人，但作为感谢，需要给些香烟之类的礼物。

再次，湾子也是村民进行农业生产、生活互助合作的基本单位。如前已述，

Q村村民的居住格局较为分散，村民们建房的主要参照系是房屋与田地间的距离，因而，即使兄弟也较多地不同住在一个湾子里面，而可能是散居在不同的湾子里。此时，村民之间因血缘关系而形成的互助合作的机会便大大减少，而通过邻居、地缘关系建立起来的互助合作机制便凸显出来了。当然，村庄内部的互助合作并没有因为居住格局的分散而显得贫乏。恰恰相反，我们调查发现，村民内部尤其是邻里之间存在着较为频繁的互助合作。当农忙时，一些村民会请邻居来帮忙抬扛谷子；当突然下雨，村民的谷子来不及收割时，其他邻居也会赶来帮忙。有一次，我们在三组调查时，正好赶上下雨，张队长邻居家正在抢收谷子，此时，张队长夫妻俩以及其他邻居便都赶去帮忙。

此外，耕牛的饲养也能体现出村民的互助合作特点。我们了解到，由于田地分散及地理环境的限制，农业机械化只能部分替代传统的生产工具，而相当一部分田块的耕种仍然依赖于牛耕方式。如此一来，养牛便成为当地村民一种重要的传统。以前，一般是一家一户喂养一头牛，而较少有合养耕牛的现象。其主要原因是田块过于分散、耕种效率较低，而农活的时令性较强，如果合养耕牛常会发生因争抢耕牛使用权而扯皮闹纠纷。于是，一家一户独养耕牛便成为村民们的较优选择。而随着农业机械化进入村庄，村民们的部分地块因为可以使用机械耕种而大大提高效率，如果此时仍然单家独户自养一头耕牛，则明显地表现出不经济。于是，合养耕牛便成为村民们的首选。

村民合作养牛的形式主要有两种：

其一，合作各方的成本、权利、义务平均分摊。如果采取这种形式，那么不仅这头牛要由合作各方共同商量作价，并由合作各方分摊这头牛的成本，而且还需规定各方在饲养、使用耕牛等方面的权利和义务。如果耕牛衰老，需要将牛卖出，合作从此终结，那么所卖耕牛的钱款也由合作各方均分。这种合作形式在村民耕牛合作中占据主导地位。

其二，"公牛"形式的合作。即牛的产权归属于某一户村民，其他村民如果需要用这户村民的耕牛，那么需要给这户村民放牛。比如每个月的放牛时间由双方各自平摊一半，或者向牛的主人家里提供草料，等等。合作双方并不享有同等的权利和义务。总体上看，这种合作形式较为少见。在Q村四组，共有42户人家，其中一家一户养一头牛的村民有10户，另有7户人家是跟别人合养耕牛，既有耕牛(包括跟别人合养耕牛)又有耕田拖拉机的有33户。这些村民合养耕牛时，要么是跟本湾子的邻居合养，要么是跟本队其他村民合养，没有兄弟俩合作养牛的情况。也就是说，村民之间合作养牛较多的是地缘性、社会性的合作，而血缘性的合作则较少。村民在社会性合作中可以通过确立明晰的权利义务关系和均衡的成本分摊机制，即可以通过市场手段和现代契约来维系、约制合作各方的行为，而不必过多地牵扯情感、血缘关系。这种合作的效果取决于合作双方的权利、义务能否得以明细化。

关于村庄的历史，村民较多地说自己的祖先是从江西迁来此地的。由于缺少相关历史文献，我们未能进行考证。不过，从我们对村里高龄老人进行访谈所获信息来看，村内各姓氏祖先应该是在明朝初年“江西填湖广，湖广填四川”时期由江西迁来的。奇怪的是，当问及村民祖先来自江西的具体地点以及祖先传至现在已经是第几代时，他们都模棱两可、语焉不详。村民们只约略知道祖先的部分事宜，而对其中间的长时段历史则不甚了了，然后就只剩下1949年前后至今的历史记忆。整体上看，村庄的历史似乎在中间某个时期发生过中断，可能是历史上某个时候发生过由于战争等事件而产生的大规模人口流动，使得村庄历史被阻断，使之成为一个历史记忆严重缺失的村庄。此外，从村民访谈资料判断，村庄形成的历史似乎并不算长，内生的权威、地方性规范尚未形成或者生根不牢，以致新中国建立后，国家所采取的一系列社会改造运动能够比较彻底地将村庄传统和既有地方性知识较为彻底地消解、打翻，且新的国家意识形态能够较轻易地占据人们的头脑，并由此在他们心中留下刻骨铭心的记忆。改革开放后，在其他许多地区农村尤其是南方农村出现宗族、庙会、民间信仰复兴的局面，但是，在Q村所在地区，却并没有呈现出如上所述的景象。据村民回忆，在解放前，村里有少量的庙宇、宗族祠堂，解放后，在破四旧、“文化大革命”等运动中，这些庙宇、祠堂等为村民提供信仰载体的公共空间统统被一扫而光，此后再也没有获得重建。如今，村里没有一座庙宇，宗族祠堂也早已灰飞烟灭。

由于村庄历史较短，再加上居住结构的分散性，村庄的家族力量也就难以形成。如前已述，Q村是一个杂姓村，村内分布着张、何、李、刘、许、黄、肖等20多个姓氏，除了张姓、何姓人口较多之外，其余姓氏的人口规模均较小。这些因素致使村庄的家族势力难以形成，强宗大族在村庄中阙如。一方面，村民的家族观念较淡，家族意识较弱。当问及村民对家族的看法时，大家都说这里的人不怎么讲家族这个东西。当选举村干部时，决定投票流向的主要因素不是家族血缘关系，而是看候选人能否给大家办实事，或者给自己带来好处。如果不能为自己办实事，那么哪怕是本家族的人也不会投他的票。另一方面，从Q村历届主要村干部（村支书、村主任）的变动情况来看，我们也难以看到家族力量对村庄政治的干预与介入作用（见表4-4和表4-5）。

表 4-4　　Q 村历届村支书名单

届数	一	二	三	四	五	六	七	八	九	十	十一
姓名	张正权	魏明春	熊品贵	何道明	雷勇	何方针	肖学军	卢尚华	何学清	杨富贵	何学林

表 4-5　　Q 村历届村委会主任名单

届数	一	二	三	四	五	六	七	八
姓名	余福军	谢一平	肖学军	胡学兵	何学清	杨富贵	熊焕春	何学林

从以上两表可以看出，在 Q 村 11 位村支书中，有 4 位是何姓的村民，其余均为杂姓，在历任的 8 名村委会主任当中，有 2 位是何姓村民，其余均为杂姓。由此我们可以判断，除了何姓村干部数量略多，该姓氏村民的凝聚力可能稍强之外，其余各姓氏村民的家族力量都不强。事实上，何姓村民之所以能够在村政舞台上长期存在，除了何姓人口较多这一因素之外，还在于何姓村民居住得相对而言比较集中。何姓村民主要分布在二组，在该组的纸场湾里，居住的全是何姓村民，共有 17 户。居住相对集中可能为何姓家族力量的壮大、凝聚力增强提供了地缘条件。不过，在 Q 村，除了何姓具备人口与地缘的优势条件之外，其余各姓氏均不能与之相提并论。张姓虽然人口多，但是分布极为分散，在每个小组都有。其余各姓不仅人口数量少，且居住也极为分散，难以形塑出家族观念，从而也就难以形成强宗大族。

土地的细碎化、分散化与高低不平的丘陵地理环境，限制了农业机械进入村庄。尽管收割机、拖拉机等现代化的耕作工具已经进入村庄，但是，其推广的程度却非常有限，更没有达到普及化的程度。虽然许多村民在犁田、收割等生产环节会采用现代工具，但是人工收割、使用牛耕等传统耕种方式仍然在村庄占有一席之地。于是，我们便可看到，传统耕作方式与现代耕种工具在这里呈现出一幅交织与并存的图景。许多村民不仅采用现代化的耕作工具，同时也充分利用传统耕种资源，使耕作效率能够在既有资源约束条件下达到最高。在笔者调查的四组，共有 42 户村民，其中只养牛没有拖拉机的有 2 户，既没养牛也没有拖拉机的有 7 户，剩余的 33 户村民家里既养牛同时又拥有拖拉机，在该组所有农户中所占比例为 78.6%。同时，有了拖拉机和耕牛之后，村民种田极为方便，对于那些地势稍微平坦、机器容易进入的田块，村民可以使用拖拉机，而那些机器不好进入的田块，则可以使用传统牛耕方式。当然，同时拥有拖拉机和耕牛虽然方便,但农户却必须由此承担更高的支出。据了解,一台拖拉机的价格是6000元左右,一头牛的价格也在2000～3000元水平。既买拖拉机又养牛(哪怕只是合作养牛)无疑要求农户付出更多的货币。

前文提及,由于村庄历史较短,地方规范不强,且极容易被新中国的一系列社会改造运动所打翻。在这样一种情况下,外来事物、外来人口便能比较容易进入村庄。在调查时,我们了解到,Q村的人口流动颇为频繁。其人口流动可以分为三个层面:一是在本村内部的人口流动,比如从某个村民小组迁移至另一村民小组,或者从本组的某个位置搬迁至本组另一个新的地方;二是从村内搬迁出村外;三是从村外搬迁至本村。调查发现,在Q村,有许多村民都已经将房子卖给别人,土地也同时赠送给买主耕种,自己则永久迁移到别处定居。一般只要村民有条件,都努力往外迁移,不再住在村里。而且,该村还有一个与其他许多农村地区不同的现象,那就是村里没有一个在外工作人员退休回到村里居住的。这里的村民缺少一种落叶归根、衣锦还乡的情结,他们只要有机会,就往外面迁移,且与村庄彻底断绝关系,将房子和土地都转手给别人,不给自己将来回村留下后路。

与大量人口外迁相伴生的,是许多外来人口源源不断地进入本村,成为村庄里的外来户。下面是该村四组两位外来户的自述:

杨龙民(男,52岁,1998年从房县搬来本村四组):

我家当时搬来4人,两个女儿,上了3个人的户口,一个人的户口200元,3人共600元,先交到村里再由村里交到派出所。另一个人是2005年招的上门女婿,他的户口也迁到这里,上户口不用钱。再就是2006年孙子出世上户口,也不用钱。

房县人多田少,水源不好,水田只有2.7亩,旱田0.7亩,总共是3.4亩田。后来我自己来这里考察,了解到这里水源好,田又多,方便,就想搬来。

1998年时,我跟四队的一户人家约好,租他的房子住,交房租200元/年,那家人很厚道,我给他们打了个灶,在那边居住了3年,一共给了400多块钱。我们也种他的田,11亩多田,第二年又种了别人5亩多田,总共16亩多田。1998年种田的提留220元/亩,农业税50元/亩,由我们种田的交,不用交租金给他们。当时谷子0.65元/斤,杂交水稻0.55元/斤。这些田因为别人种不了,就给我们种。

我在2001年冬天买的房子,这房子原来是村卫生室医生的,当时别的村民来找他看病不方便，因为住的地方相对比较偏僻，所以就把房子卖给我们了。当时房价17000元，另交800元集资给村里面，然后村里面把房产证上的名字改成我的名字，把房子过户。有5间正屋，6间小屋，这房子是他们在1980年盖的。他的田也给我们种了，共7亩田。本来他家有十几亩田，但是当时因为种田划不来，就把田给别人种了几亩，只剩下7亩多。当时我家里田不够种，别人给了我们2.5亩田。2005年，这家要求把田要回去，但是田已经上档案归我们家里，我们不给他。如果当初没有田，我就不会买他的房子。

当时我们刚来，没有菜园，没有蔬菜吃，都是别人给我们菜吃。刚来那半年，好几个月都是别人给的菜。也有极个别的人会欺负别人，但大部分都是好的。我们四组共有42户人家，其中有14户是从外面搬迁进来的，有5户来自四处，2户来自利川，7户来自房县。1992年，就有人从外面搬迁至四组居住。这些有的是原来和我们同村的，有的是同乡，有2户同一个乡里的，2户同一个县的，同一个村的有3户，其中还有2户是兄弟俩一起搬来的。

王国树(王国树是杨龙民的表哥，也是房县人，今年64岁)：

2007年，杨龙民举家搬到镇上，在镇上租了房子生活，一边做工一边照顾孙子，他们的房子转租给了我。杨龙民的妹妹是我兄弟的媳妇。2006年，我一家三口(包括妻子和儿子)搬到四组另一个湾子，在那里租住别人的房子，租了4间，住了一年，房租2000元/年，并种了房东家里的田，共11.6亩，种田不用另外给钱。第二年，那房东要自己种田，不让我们种，我们就搬出来了，但实际上他们没种，而是又把房子和田转租给别人。当时，我们找了几家人，但都不合适，要么看不上他们的房子，要么看不中他们的田，最后就搬到杨龙民这里来居住。

杨龙民的房子和田都转租给我们了，共800元/年，种8.95亩田。2008年，杨龙民说把房子带田卖给我们，价钱是3.5万元，但我要他帮忙解决户口问题，如果他能帮忙上户口，哪怕我出手续费都可以，如果不能上户口，我就不买了。我假意说我不想租房子，但实际上我不会走，而是继续住下去。

现在租房子在这里居住不划算，但是比房县要强一些，主要是现在肥料等生产资料价格上涨较多，种田赚不到钱。房县主要是没地基盖房子。

我有两个儿子、两个女儿，大女儿38岁，小女儿36岁，都已经成家；大儿子也已经成家,在贵州打工;小儿子还没有成家,现在广东打工。我们到这里来主要是想给小儿子娶上媳妇,这里有房子可以买,有田可以种。等我的小儿子结婚成家有小孩之后,我要到贵州去跟我的大儿子过,由大儿子养我;我老伴就仍然住在小儿子家里,由小儿子养他,这些是我们当时分家时已经商量好的。

其实,在Q村,像杨龙民和王国树这样的外来户有许多。据我们访谈统计,各小组的外来户数量分别为:一组8户,二组5户,三组3户,四组14户,五组6户,六组7户,全村共计43户。外来户之所以愿意搬迁至Q村,主要是青睐于这里较为丰富的土地资源和便利的水利灌溉条件,而外来户要进入村庄,则需要满足以下几个基本条件:

第一,必须有相应的人口从村庄里迁出。外来户进入村庄,必须获得房子和土地,才能够在村里安家立业。在所有土地已经承包到户、集体已经没有掌握剩余土地资源的情况下,就必须要有本村村民外迁,将土地和房子让出,以便为外来户提供居住和生存条件。当本村村民把房子出售给外来户时,一般是连带着把自己的土地也转包给外来户,村集体也将房屋的产权和土地过户给外来户,将房产证和土地使用证易主。第二,村集体能够解决户口问题。外来户进入村庄,如果村集体不能解决其户口问题,那么,他们就成为黑户人口,生产生活面临着诸多不便,难以享受和其他村民同等的待遇,此时他们一般不会购买村民的房屋。

进一步考察可以发现,这种房屋连带土地进行交易的方式主要表现出如下特点:

其一,流转渠道多样。调查发现,血缘关系、同乡关系在土地流转中发挥着重要作用。一些外来户搬迁至村里之后,往往还介绍自己的兄弟、亲戚和同乡来村里购买房屋定居。这些亲戚、同乡在得到信息、受到感召之后,便来村里考察条件,确定是否搬迁过来。当然,也有一些外来户没有借助血缘、同乡关系,而是自己亲自来实地考察,比如上述案例中的杨龙民就是通过这种方式迁来的。

其二,流转通过市场交易机制实现。这种房产和土地流转模式是农户通过自愿谈判、协商达成的,交易双方都是小农,是相对比较平等的交易主体,且拥有基本平等的谈判权。在交易过程中,房屋是主要产品,是达成交易的先决性条件,也是外来户获得村庄成员权的基本前提。卖主放弃了房屋,实际上就放弃了他的村庄成员权资格;买主购买了村民的房屋,就相当于获得了村庄成员权。土地只是在交易过程中随着房屋进行流动的副产品。不过，这也并不是说土地对于交易而言不重要。实际上，土地也是交易能否达成的必要条件，如果卖主不提供土地，那么外来户即使购买了房屋，也无法进行农业生产，从而也就难以谋生。所以，外来户购买房屋的同时，也要求获得卖主土地的耕种权。

其三，此种土地流转模式既积极又稳妥。调查发现，那些将房屋和土地转让给外来户的村民，主要有两个流向：其中大部分都是流入镇上或者城市里，他们已经在城镇里有着较为稳定的谋生手段和经济收入，能够支付城镇生活的成本，其迁移模式是从农村到城市，永远跳出了农门；另有一部分是迁往本村更为有利的位置或者其他条件更好的农村，其迁移模式是从农村到农村。因而，外迁的村民大多都是经过深思熟虑之后作出转让决定的，他们一般都已经在城市有了比较稳定的工作和收入，找到了更好的谋生环境和条件，具备在城市或者其他地方农村谋生的经济条件和生存手段，将房屋和田产长期闲置在农村确无必要，不如将其一卖了之。概言之，他们有着较为长远的预期，从而极大地区别于那些仅仅希图通过出卖房屋获得货币收入而不顾及日后出路的短期行为。另外，在这种土地流转模式中，土地只是在户际进行流转，没有发生土地兼并和大规模集中。它一方面是再生产了小农，另一方面又可以较好地缓减人口流动、城市化所带来的震荡和阵痛。它既能让一部分农村人口渐渐地转入城市，推进城市化进程，同时又能让土地实现合理的流动，充分利用既有的农村土地资源。正因此，这种土地流转模式与通过资本下乡推行土地兼并，实行大规模经营存在着根本的区别。土地兼并和规模经营可能会在短期内迅速排挤、消灭小农，致使大量失地且又没有固定工作和收入的农民涌入城市，而这种户际间的土地流转模式却是在一边再生产小农、维系地方社会的同时，积极稳妥地推进土地资源的再配置和城市化进程。

其四，村级组织在其中发挥重要作用。前文提及，当买卖双方房产交易时，需要村级组织进行协调。村级组织对外来户进行考核与监督，考核的主要内容是计划生育与社会治安这两个方面。如果外来户有超生行为或者危害社会治安的历史记录，那么村干部就不予接收。如果交易顺利进行，那么村干部要将房产证和土地使用权证进行重新登记。在整个交易过程中，村级组织的权力和权威得以行使和展现。此外，外来户购买本村原住村民的房屋时，需要缴纳一定的管理费用，这在一定程度上有利于壮大村集体经济实力。

外来户进入村庄，在村庄中产生的后果主要分为三个方面。

首先，外来户的进入通过土地流转的方式维系了地方社会。外来户进入村庄时，通过购买原住居民的房子而获得居住资格，原住居民同时将土地作为附加条件赠送给外来户耕种。在这种情况下，土地在不同的农户之间实现了流转。只是，这种土地流转与那种通过纯粹市场化方式进行流转形成土地规模经营的土地流转方式不同，它并没有导致土地的大规模集中，而是再生产了小农，使地方社会得以继续维系下去，而不是将其瓦解。

其次，外来户进入村庄之后，他们也参与到村庄里的人情往来之中，与周围的邻居、村民之间形成较为密切的互动圈子。当本地村民家里办酒席时，外来户会去“赶人情”，而当外来户家里办红白喜事时，本地居民也会去送礼。本地居民也不会欺压外来户，而一般会帮助他们。

最后，外来户的进入也给村庄秩序和村庄治理带来一定程度的影响。其中尤以计划生育和社会治安为甚。据村干部说，当外来户进入村庄时，村里首先会重点考察其计划生育和社会治安这两方面的情况，只有这两方面都达标，村里才有可能接受其入户。尽管如此，外来户还是难免会在计划生育和社会治安等方面给村庄带来负面影响。一些村干部抱怨：“外来户不太好管理，有的使劲地超生，也有违法乱纪的。”基于此，Q村近几年已经严格限制了外来户的进入，甚至要拒绝接纳外来户。

总而言之，Q村所在地区表现出较强的开放性，这里的乡土性较弱，且正在渐渐消逝。

三、婚姻家庭生活

与其他许多农村地区相比，Q村村民的生育观念转变较早。早在1980年代初，许多家庭就只生育一至两个小孩，即使是生的女孩，村民也不会选择超生。于是，我们看到，这里的家庭人口规模细小化趋势比其他许多农村地区来得要早，这构成Q村村民家庭结构特征的一个重要因素。

从调查情况看，Q村村民的通婚圈半径不大，其主要通婚范围局限在本镇的其他村庄，也即是说，Q村与周围村庄的婚姻资源流动较为平衡。其内在的原因可能在于当地区域经济社会发展较为均衡，不存在剧烈的、悬殊的社会分层，从而能够避免婚姻资源的单向流动。

当然，随着打工经济的兴起，人口流动的加速，Q村的通婚圈也在逐步扩大，外地婚姻尤其是跨省婚姻数量增多。一些在外打工、经商的年轻人在外地认识了姑娘、自由恋爱。一些村民说：“现在都很少介绍婚姻的了，都是年轻人在外面自己谈。”不过，一些农民对跨省婚姻形式并不满意，他们认为：“结婚后，两家距离太远，平时难得见儿子、女儿一面，尤其是现在独生子女比较多，过年时，儿子、女儿如果在对方家里过年，自己家便显得非常冷清。”

在婚姻方面，Q 村还有一个特别值得关注的现象，那就是村里的上门女婿数量非常之多。在对这一现象进行讨论之前，让我们先来看看该村的上门女婿统计情况（见表 4-6）。

表 4-6　　Q 村上门女婿情况统计表

组别	年龄段		
	50 岁以上	50 岁以下	合计
一	4	3	7
二	3	7	10
三	3	0	3
四	5	0	5
五	4	1	5
六	12	2	14
合计	31	13	44

表 4-6 是根据我们对 Q 村村民的访谈资料整理而成的。在每一个小组进行访谈时，我们都会了解该组的上门女婿的情况，并且详细询问不同的村民，将他们提供的情况进行反复对照。因此，尽管我们的调查可能不太全面，难免挂一漏万，但是，表中数据应该能够基本如实反映村庄的上门女婿的情况。

从表 4-6 可以看到，Q 村共有 44 位上门女婿，其中，50 岁以上的上门女婿有 31 人，这些人大多是在解放初到改革开放之前这一段时间（也就是集体化时期）结婚成家的。其余 13 位上门女婿在 50 岁以下，也即是说，这 13 位上门女婿大多都是在改革开放后结婚的。整体上看，改革开放后的上门女婿比之前大大减少。个中缘由，可能跟改革开放后计划生育政策的大力推行、家庭人口减少有关。在改革开放前，计划生育政策执行力度较低，人口出生率较高，尤其是男性较多。在这种情况下，如果家庭无法承担给儿子娶媳妇的费用，那么，一些村民就会选择让儿子去做上门女婿。由此，上门女婿数量就较多。改革开放后，随着计划生育政策执行力度的加大，人们的生育愿望得到控制，一对夫妇一般都只生育一两个小孩。此时，他们一般都能够负担起子女的婚姻费用，而不必让儿子去做上门女婿。如果让儿子去做上门女婿,那么不仅自己家里的香火无法延续,而且还会使自己到了年老时因无人养老而无依无靠,倍感孤独寂寞。正是基于这样的考虑与权衡,上门女婿的数量便大大减少。据说,现在招上门女婿已经非常困难,且价钱不菲。如果招一个上门女婿,女方家里必须付出许多,包括高额的"彩礼"和房产,而不再像以前那样,"接一个上门女婿不用多少钱,而且很容易接得到"。上门女婿身价的变化,深刻反映出Q村所在地区的家庭结构与村民观念意识的变迁。

调查发现,Q村村民在上门女婿这一问题上比较开放。这种开放主要表现在两个方面:一是上门女婿在村庄中较少受到歧视。对于上门女婿,村民们都已经习以为常,而不会将他们视为异类。在村庄社会生活中,上门女婿也和其他村民一样,享受同等的权利与义务,而不会因此而受到不公正的待遇。用村民们的话来说,就是:"谁管你是上门女婿还是什么人,只要你有本事,会做人,一样能受到其他人的重视。"我们了解到,Q村有不少上门女婿曾经担任过村组干部。比如六组的谢一平和四组的卢尚华就分别担任过村委会主任和村支书。下面是卢尚华的自述:

> 男,70岁,两儿两女。大女儿嫁到本镇上的陈集村,现在广州打工,女婿和外甥也在那边。小女儿从荆州商校毕业,然后在沙市工作,嫁在沙市了。大儿子在家种田,小孩在广州成立一个广告公司,儿媳妇是蒋家大堰村的。小儿子在家种田,媳妇娘家在陈集村,小孩在S县五中读高二。我读了半年私塾,2年小学,12岁时父亲去世,当时是1952年。1958年母亲去世。我有三兄弟,我是老二。大哥有一女儿,大嫂是六组的。我是上门女婿。
>
> 1958年,我在村里当团支部书记,到1960年。1960年到1963年,在县里读党校。1963年回来当小队队长。1961年结婚到四队上门。1966年到1970年当村支书。1971年到1978年当民兵连长,搞军管,比村支书还重要一些。1978年到1984年当村副书记。1985年到1990年当村主任。1990年到1995年当村支书。1995年退休,每个月的退休补贴是50元。

从卢尚华的自述及我们访谈的其他上门女婿案例中至少可以获得两个方面的信息:首先,上门女婿之所以选择上门,大多都是因为家里经济条件困难。这些家庭要么是父母早逝,要么是父母体弱多病,要么是儿子较多,父母无法承担给儿子娶媳妇的费用。因而,在万般无奈之下,只得让儿子去上门。其次,上门女婿并未受到歧视。他们在村庄中的地位跟其他村民没有什么区别,他们跟其他村民享受同等的权利，同样可以活跃在村庄的政治舞台上。

此外，村民在上门女婿问题上的开放还表现在上门形式多样，不拘一格。调查发现，有的村民家里有一个女儿一个儿子，女儿在家里招上门女婿，儿子则到外面上门。这种婚姻模式我们在其他地方极少遇见过。在这种情况下，如果用延续香火、传宗接代之类的话语来解释村民招上门女婿，那就并不符合实际。另外，前文提及的上门女婿谢一平，他的妻子以前曾经招过一个上门女婿。但是他的妻子觉得那个男的太坏，就和他离婚了。后来，谢一平才到她家里去上门。关于上门女婿，还有一个比较有趣的现象，那就是当招上门女婿的女方家里条件有了好转，比如女方的弟弟妹妹已经长大成人，具备独立谋生能力，或者经济条件好转，那么，一些上门女婿可以将妻子带回自己老家，不用再到女方家里上门。村民上门方式的多样化及其对上门女婿的开放态度表明：一方面，村民的传宗接代、延续香火之类的本体性价值较弱，上门女婿并不是为了履行传宗接代的功能，而是为了满足增加劳动力、养老等方面的需求。另一方面，村庄具有较大的包容性和开放性，村民能够容纳外来的、不同的新事物。

在中国农村社会，传统的婚姻模式主要有两种类型：一种是男婚女嫁，即男性青年将媳妇娶进门，而女青年则嫁往别人家中，按照俗语即所谓“男大当婚，女大当嫁”。这种婚姻模式在农村中占据主流地位，它是比较正统的也最为人们所接受的婚姻模式。另一种婚姻模式是就是上文论述的上门女婿。在这种婚姻模式中，男方“嫁”到女方家上门。男方之所以愿意到女方家上门，主要是因为自己家庭经济条件困难，父母无法担负给儿子娶媳妇的费用，为了避免沦为光棍的命运，只好到女方家里去做上门女婿。那些招上门女婿的家庭，大多都是家里只有女儿没有儿子的家庭，即所谓的纯女户。他们招上门女婿，主要有三个方面的考虑：一是为了延续香火、传宗接代，这在那些传宗接代观念比较强的宗族性村落里面表现得尤其明显；二是为自己以后养老做准备；三是给家里增添劳动力。

与上述两种传统婚姻模式相异，近年来在Q村出现了一种被当地农民称为“不接不嫁”的新型婚姻模式。在这种新型婚姻模式中，虽然男女双方家里都会给彩礼、办嫁妆和摆酒席，但是男方不将女方娶进家门，也不到女方家里做上门女婿，女方也不嫁到男方家里，也不招上门女婿，从而维持了一个男女双方居于中间位置的“不接不嫁”态势。

那么，为何会出现这种新型婚姻模式呢？笔者认为，它与计划生育政策的执行紧密相关。20世纪80年代以后，我国计划生育政策的执行力度加大，同时，农民的生育观念也逐渐发生改变，生育水平大大下降，家庭子女数量减少，只有一个小孩的三口之家迅速增多。在这种情况下，将女儿嫁出去或者让儿子去上门，那么家中将只剩下父母两人。这不仅不利于大家对亲情的追求，而且将使父母在年老之后面临无人养老的困境。因而，无论是将女儿嫁出去还是让儿子去上门，都不是最为理想的选择。无奈之下，他们只好选择"不接不嫁"的均衡婚姻模式。

从微观上看，"不接不嫁"婚姻模式的出现，是人们对亲情的考虑与追求。此外，这种新型婚姻模式还受到我国宏观社会背景的制约，与农村社会养老保障体制的缺失之间存在着密切关联。在这个意义上说，"不接不嫁"的新型婚姻模式的出现，其意义不仅仅在于对传统婚姻模式的颠覆，而且在于人们对国家政策实施作出的反馈，以及对农村社会养老制度的拷问。

四、农民生活如何治理

综合上文对Q村村民生活和村庄治理各个方面的分析，我们可知：一方面，Q村的地方性规范不强，村庄内生秩序较弱，这集中表现在外来户、上门女婿、传统宗教信仰等方面，由此，村庄呈现出一幅开放的图景，外来事物很快就能被村民所接受，能够较为轻易地进入村庄；另一方面，国家力量对村庄介入较深，基层组织的权威较其他许多农村地区保存得更为完好，其仍然具有一定的动员能力。因此，村庄似乎呈现出一幅善治的图景。不过，透过这幅善治的图景，我们所看到的却是村庄在面对外来事物时的无能为力和无所适从，极度缺乏自生能力。这种自主能力的丧失在文化层面上表现得尤其明显。面对现代化、拜金主义等因素的冲击，村庄显得毫无抵抗能力。在当今的社会背景下，深入探讨村庄乃至整个农村的文化主体性问题，或许是一个值得开发的研究题域。

第五章　基层治理:中国特色、多元协同与问题对策

社会治理现代化是国家治理现代化的重要内容,民政工作在社会治理中扮演着重要的角色。党的十九大报告指出,社会主要矛盾已转变为人民日益增长的美好生活的需要和不平衡不充分的发展之间的矛盾。为了回应人们新需求、解决生活新矛盾,十九大报告提出要加强和创新社会治理,建立共建共治共享的社会治理格局。加强和创新社会治理,民政部门不能缺席,应充分发挥民政工作在社会治理中的作用。民政部门在加强和创新社会治理中承担了城乡基层自治组织建设、社会救助体系建设、社会组织管理、社会工作职业规范等一系列重要职责。加强和创新社会治理、发挥民政在社会治理中的基础性和骨干性作用,民政部门和民政工作就必须整合社会各种资源、动员社会多个主体来共同参与对群众的服务和对社会公共事务的管理,形成社会治理人人有责尽责的局面,努力实现社会共建共治,以共享和谐稳定的社会发展环境。

一、基层治理的中国特色

民政与中国特色社会治理有着极为紧密的关系。从实践上来说,探讨和研究民政与中国特色社会治理的关系问题,考察和总结民政工作在城乡社会治理中发挥作用的机制和路径,有利于民政工作在社会治理中发挥基础性和骨干性作用;有利于提升民政政策为决策服务、指导实践的能力,破解民政工作发展难题,推动民政事业的改革和科学发展;有利于调动多元主体、整合各方资源、集聚群众智慧参与中国特色社会治理,有效激活基层社会治理,提升社会治理的绩效,为国家治理现代化夯实社会基础。

在理论上，探讨和研究民政与中国特色社会治理的关系问题，考察和总结民政工作在城乡社会治理中发挥作用的机制和路径，有利于构建中国本土的民政理论和社会治理理论，以及国家治理理论；有利于构建中国本土的“国家—社会—民众”三者之间的关系理论，重新认识中国的国家与社会关系；有利于构建中国本土的社会工作理论；有利于构建中国本土的社会保障和社会组织理论。

社会治理中民政工作的重要管理和服务对象“社区”是综合平台，“社会组织”是载体依托，“社工专业人才”是一支不可或缺的专业力量，“社会救助措施”是具体的政策措施，四者相互依存、相互交融、相辅相成，要加强四者的相互联动，让人民群众和社会各方有更多机会参与社会治理，增加社会和谐因素，增强经济社会发展活力。从调查来看，之所以民政工作与中国特色社会治理有极为密切的关系，与以下四个方面有关：

(一)社会治理中的社区治理具有中国特色

无论是城市基层社会治理，还是农村基层社会治理，作为党领导下的多主体治理的社会治理需要有施展工作的平台，而“社区”正是社会治理的综合平台。社区内既有全面领导的党组织体系，也有居民自治组织，还有其他参与治理的社会组织及个人，它们都是社会治理的主体，通过一定的制度和机制在“社区”平台上进行交互作用形成治理资源参与治理。中国的城市社区治理与农村社区治理都有自身的特色，表现在：①农村社区是熟人社会，传统的血缘地缘关系及其行为规则和逻辑还起一定作用，社区具有信息对称、互动在场和价值共享的特点。熟人社会内部治理的关键是要将村庄特殊主义的关系、规则、资源转变为公共资源，形成村庄政治和公共性。②城市社区是陌生人居住区，具有信息非对称性、互动非在场性和价值多元性的特点，但是社区居民并非西方意义上的“公民”，他们不是独立的个体而是隶属于各自的工作单位和工作领域，那么社区居民的公共意识就不可能通过“社区营造”来培育，但是社区内存在的一些“积极分子”却可以成为社区治理重要的中坚力量。③城乡社区治理的重要主体是基层自治组织。基层自治组织在农村是村民委员会，在城市是社区居民委员会，它们既是自治组织，又都受上级和同级党组织的领导。社区要治理好，就需要民政工作从中国城市和农村社区的特点出发，制定与社区特点相契合的制度和政策，形成具有中国特色的社区治理的体制机制。

(二)社会治理中的社会救助政策具有中国特色

社会救助的政策和措施针对的是社会中少数群体的特殊政策，既体现了扶弱安贫的社会主义要求，也对保持社会稳定具有重要意义。社会救助政策在治理中具有中国特色，与以下几个方面有关系：一是我国是社会主义国家，为人民服务是社会主义的本质要求，弱势群体则更是首要服务和扶持的对象，他们对党和政府的诉求具有正义性。因此，如果他们得不到应有的救助，不仅普通社会成员有意见，他们自己也会滋生对党和政府尤其是基层组织和干部的不满情绪，甚至通过上访、群体行动或报复社会行为来表达他们的诉求，从而影响基层的政治社会稳定。二是社会救助方式可以分为两类人。第一类是对低收入型家庭或个人的救助，这类救助主要源于缺乏劳动力而导致生活的绝对贫困，因而需要民政部门的救助。通过救助使这类个人或家庭的生活水平能够达到农村或城镇最低生活水平。第二类是对高支出型家庭的救助，这类救助主要是因为个人或家庭因为突发性事故导致支出猛增而使得个人或家庭陷入贫困状态。通过国家对这样的个人或家庭的救助，使他们个人或家庭的劳动力得到恢复，或者为他们提供再生产投入的基础。这两类救济对象不同，救济的原则和措施也不同。三是社会救助不是无原则的资源输入，更不是养懒汉，而是对劳动力和按劳分配的尊重。社会救助政策实施得好，既能够体现社会主义的优越性，保持社会稳定，也能够激发社会通过劳动致富的观念和活力。

（三）社会治理中要发展什么样的社会组织具有中国特色

社会组织是社会治理的重要主体和载体，其发挥作用的最主要平台是社区。社会组织要能真正发挥作用，其组织形式、结构、功能和特点就得与城乡社区本身相契合。一是要与城乡社区的基本需求相契合，社会组织不是要用自己的理念去改造社区居民的需求，以及制造新的需求，而是要整合社区居民的需求形成相应的满足需求的渠道和措施。二是要与城乡社区的基本特性相契合，如农村社区熟人社会内部如何组建或置入社会组织，城市陌生人社区如何组建或置入社会组织。三是要与城乡社区的基本权力结构相契合，城乡社区首先是党组织全面领导的社区，所有的社会组织都要在党组织的全面领导下开展工作。四是社会组织的组建、运行和服务都需成本，如何在城乡社区中组建低成本，又能满足居民需求的社会组织是中国社会组织建设和管理的当务之急。五是社会组织在社区不是纯粹输入资源和提供服务，而是激活社区内部的力量以促进居民自我服务的能力。这些方面都使得社会组织参与的社会治理具有中国特色。对于城乡社区治理而言，最重要的社会组织是社区内的群众自组织。

（四）社会治理中社工发挥何种作用以及如何发挥作用具有中国特色

社工队伍是社会治理的专业力量。社工发挥作用的主要平台也是城乡社区，城乡社区有区别于西方社区的独特性，因此城乡社区需要什么样的社工人才、社工要发挥何种作用以及如何发挥作用，都有各自的规定性，也具有区别于西方社工及其特点和功能的中国特色。首先，中国的社会工作是西方舶来品，有较强的改造社会的理念。但是中国城乡社区有自己的特点和需求，社工队伍不能理念先行，而需要依照这些特点和需求打造自己的人才队伍。其次，社工队伍的组织运作方式也需要适应城乡社区的特点，只有在城乡社区基础上打造的组织及其运作方式，才能高效而精准地为社区居民提供服务。再次，对于城乡社区治理而言，社工的工作不仅是改造或服务于城乡社区居民，更为重要的是要通过社工队伍及其资源对社区的介入以发掘和撬动社区本身的资源。最后，社会治理中社会工作的中国特色还在于它与群众工作的关系问题。在基层社会治理中，伴随着社会工作推广和发展，必然要处理社会工作与群众工作的关系问题。党的一切工作，说到底就是群众工作。在处理社会工作与群众工作的问题上，群众工作是主体，起主导作用，社会工作以群众工作为基础和目标，是群众工作的补充。

二、社区治理的基础作用

（一）中国特色社区治理的渊源与发展

社区治理是社会治理系统的基础单元，是国家治理体系的微观单元。社区治理问题关系到国家基层社会治理模式的变革，社区治理体系和治理能力的现代化也是国家治理体系和治理能力现代化的重要推动力量。那么如何选择和实施有效的社区治理模式就成为一个重要的理论与政策现实问题。然而，在城乡二元结构的前提下，我国基层社会长期实行的是城乡分治体制。在人民公社时期，城市社会实行的是单位制为主、街居制为辅的组织体系，而乡村社会实行的是政社合一的“人民公社—生产大队—生产队”的组织体系。改革开放后，20世纪80年代初，人民公社渐趋解体。随着以村民委员会为代表的村民自治制度创新，我国乡村社会便进入了“乡政村治”建设阶段，形成了“乡镇—行政村—村民组”的基层组织体系。而在城市，随着单位制的式微，街居制逐渐走向城市基层社会管理的前台。

社区作为一个广泛使用的名词始于1986年，当时民政部为推进城市社会福利工作改革，提出“社会福利社会办”的口号，开始与“社会福利单位办”的模式分道扬镳。1987年9月，民政部在武汉召开全国城市社区服务工作座谈会，对社区服务的内涵做了定义，提出了社区服务发展的方向，鼓励街居两级开展社区便民利民服务。为了应对国企改制和单位制式微后可能带来的城市社会解组与失序风险，1991 年民政部提出“社区建设”概念。1992 年 10 月，中国基层政权建设研究会在杭州市下城区召开了“全国城市社区建设理论研讨会”。1999 年，民政部在全国选择 26 个“城市社区建设试验区”作为试点，经过几年探索，形成了各具特色的社区管理新模式，如上海模式、沈阳模式、江汉模式等。民政部基层政权建设司也改名为基层政权建设和社区建设司。2000 年 11 月，中共中央办公厅和国务院办公厅转发《民政部关于在全国推进城市社区建设的意见》，社区建设运动在全国轰轰烈烈的开展，由此我国城市基层管理由单位制与街居制步入社区治理时期。

2006 年，中共十六届六中全会提出“全面开展城市社区建设，积极推进农村社区建设，健全新型社区管理和服务体制，把社区建设成为管理有序、服务完善、文明祥和的社会生活共同体”[①]的重大决策。这是我国首次完整地提出“农村社区建设”。2007 年，民政部印发《全国农村社区建设实验县（市、区）工作实施方案》，先后在全国开展了农村社区建设实验、农村社区建设实验全覆盖等创建活动。2015 年，中共中央办公厅、国务院办公厅印发了《关于深入推进农村社区建设试点工作的指导意见》，这是中央出台的首个推进农村社区建设的政策文件。2017 年 6 月 12 日，中共中央、国务院发布了《关于加强和完善城乡社区治理的意见》，首次以中央的名义统筹对城乡社区治理进行了顶层设计和宏观布局。随后党的十九大报告进一步强调“加强社区治理体系建设，推动社会治理重心向基层下移，发挥社会组织作用，实现政府治理和社会调节、居民自治良性互动”[②]。2018 年 3 月 1 日，全国城乡社区治理工作电视电话会议在北京召开。这标志着我国基层社会由城乡分治迈入了城乡统筹的社区治理新时代。

随着我国工业化和城市化进程的加快，中西部农村成为人口的流出地，而东部发达乡村与城市成为人口流入地。在东部某些工业发达型村庄、城中村或城郊村，大量务工人口涌入，以至于流动人口数量与户籍人口发生严重倒挂。原有的村庄治理提供的管理与服务主要针对的是具有集体成员权的户籍人口，那么流动人口的管理与公共服务就处于缺位状态。中央统筹对城乡社区治理体系建设进行顶层设计和战略布局，是对新时代社会主要矛盾发生变化和城乡

---

① 《中国共产党第十六届中央委员会第六次全体会议文件汇编》，北京：人民出版社，2006 年，第 26 页。

② 习近平：《决胜全面建成小康社会 夺取新时代中国特色社会主义伟大胜利——在中国共产党第十九次全国代表大会上的报告》，北京：人民出版社，2017 年，第 49 页。

一体化发展需求的及时回应。由过去城乡分治向城乡统筹转型后的城乡社区治理体系建设将是新时代我国基层社会治理现代化改革探索的重大课题。

中央对这一转型做出了战略判断，并对城乡社区治理体系做出了政治性与纲领性规定。《中共中央国务院关于加强和完善城乡社区治理的意见》在健全完善城乡社区治理体系中规定："充分发挥基层党组织领导核心作用，有效发挥基层政府主导作用，注重发挥基层群众性自治组织基础性作用，统筹发挥社会力量协同作用"[①]，并规划了总体目标："到 2020 年，基本形成基层党组织领导、基层政府主导的多方参与、共同治理的城乡社区治理体系……再过 5 到 10 年，城乡社区治理体制更加成熟定型，城乡社区治理能力更为精准全面，为夯实党的执政根基、巩固基层政权提供有力支撑，为推进国家治理体系和治理能力现代化奠定坚实基础。"[②]十九大报告进一步强调"打造共建共治共享的社会治理格局。加强社会治理制度建设，完善党委领导、政府负责、社会协同、公众参与、法治保障的社会治理体制……加强社区治理体系建设，推动社会治理重心向基层下移，发挥社会组织作用，实现政府治理和社会调节、居民自治良性互动"[③]。这指明了我国社区治理体系建设党政主导、社会参与的基本方向，虽然社区治理主体呈现出多元、参与和共治等特征，但与西方治理理论指导下的多中心治理秩序有根本不同，顺应了社区治理的中国情境。

(二)当前社区治理的现状及其特点

自 2000 年城市社区建设运行以来，学界主流将社区治理研究聚焦于以政府与社区分权为核心的居民自治与社区去行政化改革，认为社区行政化挤压了居民自治的空间，而社区治理实践也常常在政府职能社区化与居民自治改革之间摇摆。这是由于学界主流从西方国家与社会二元关系理论出发，认为政府治理与居民自治是相互对立的，因此强调国家从社区退场与回归居民自治价值。然而，历经几轮社区去行政化改革，居民自治并未取得理论预期效果，这是因为中国的社区治理广泛涉及公共事务治理的范畴，嵌入于宏观的社会系统与政治行政体制。不管是政府治理，还是居民自治，都是社区治理的手段，而非目的。社区治理的目标是有效提供社区公共物品，充分满足社区居民的内生需求，构建以居民幸福生活需求为导向的功能化治理模式，实现政府治理、社会调节与

---

① 《中共中央国务院关于加强和完善城乡社区治理的意见》北京：人民出版社，2017 年，第 22 页。

② 《中共中央国务院关于加强和完善城乡社区治理的意见》北京：人民出版社，2017 年，第 3～4 页。

③ 习近平：《决胜全面建成小康社会 夺取新时代中国特色社会主义伟大胜利——在中国共产党第十九次全国代表大会上的报告》，北京：人民出版社，2017 年，第 49 页。

居民自治良性互动与功能分工互补。城乡社区治理经过三十多年的改造和发展，具有中国特色的社区治理模式初具雏形，并在实践中不断完善。从城乡社区调查来看，当前中国特色社区治理有以下几个基本特点：

1.治理主体多元化

中国特色社会治理形成了以党委和政府为核心的多元治理模式。在社区的治理实践中，党委和政府把社会发展中的各种活力要素都吸纳进了社会治理的视野和行动中，实现了对公共事务的有效治理。我国实现了党政主导下的多元共治社区治理体系，它与西方治理理论下的多中心治理体系有着本质差异，在实践中重新定位了社区治理中的不同主体及其互动关系：①较好地理顺了纵向治理主体间的关系，主要指政府管理与社会自治之间的关系。一方面涉及区政府职能部门、街道办事处与社区党组织、居委会之间的职能划分及责权利边界划分，以及居民自治与社区减负等主要相关问题。另一方面则涉及社区居委会、楼栋长等积极分子与大多数普通居民之间的关系。②较好地理顺了横向治理主体间的关系，主要指社区内部横向组织之间的关系。其一，围绕着社区物业管理与业主自治而形成的，社区党组织、居委会、业委会与物业公司之间社区多元权力关系。其二，围绕着激发社会组织活力与社会力量协同作用而形成的，社区党组织、居委会、专业社会组织与社区社会组织之间的关系，注意区分专业社会组织与社区社会（群众性社会组织）在激发社会力量协同与社会参与活力上的中国情境。其三，围绕着打造共建共治共享的社会治理格局而形成的社区党组织、居委会与辖区单位之间的关系。不同社区治理主体基于为满足居民在新时期对美好生活的向往而建立一种功能化治理模式，力求实现政府治理、社会调节与居民自治在功能分工与互补的基础上实现一种平衡与两性互动。

2.治理方式规范化、制度化和技术化

随着新时期城乡社区矛盾的性质由传统型乡土纠纷向非传统型纠纷发生转变，如交通肇事、医患矛盾、劳资纠纷、合同纠纷以及社区物业管理纠纷等，那么新时期社区纠纷调解的资源将从传统的情、理、法位序排列向法、理、情转型，社区治理需要善于用法治的思维与法治的方式化解矛盾。因此，新时期城乡社区治理的方式要坚持自治、法治与德治相结合，尤其是在坚持自治与德治的基础上强化法治特征。基层的各项规章制度逐渐建立，主要包括自治议事制度、财务制度、公共工程制度、档案制度、办公制度、纪律制度等。不仅制度要上墙，而且要通过纪委巡查、部门督导等措施贯彻落实。社区治理的技术化程度也在不断提高，网格化、大数据、智慧平台、微信公众号、专项APP技术等都成了社区治理的重要方式和手段。

3.治理内容常态化

社区治理的内容主要为社区公共事务。外部性超越于私人领域的社区事务均为社区公共事务。中国特色社区治理体系正在形成良好的社区公共事务治理秩序，它建立在对社区公共事务的具体内容、属性特征、职能分类及其治理机制正确分析认识的基础之上。社区治理事务正逐步常态化。社区公共事务的具体内容主要包括政治任务类事务、行政管理类事务、公共服务类事务与社区自治事务。社区公共事务的属性特征，主要表现为人和事的分离与并存，行政、服务与自治事务的边界模糊与职能交叉，公共事务在不同社区的非均质化分配。我国社区公共事务的内容与属性特征，决定了社区公共事务中的行政、服务与自治职能并非边界清晰分离类型，而是一种边界模糊职能交叉模式，需要对社区公共事务的分类体系进行重构，因为正确的分类是有效治理的前提。

（三）当前社区治理存在的问题

城乡社区治理在保障了社区基本和谐稳定，解决了村民和居民的一些事情和问题的同时，也存在一些亟待解决的问题。主要包括：

1.形式化严重

社区治理是中国社会治理的一线，理应是以解决社区内居民或村民的具体问题为主。但是调查发现，基层社区治理中却出现了严重的形式主义，有以下几种主要表现：一是片面地理解社区治理现代化，简单地将程序化视为现代化，要求拿误工补贴的村干部实行坐班制和加班制，而村里本来事情就不多，导致村干部的人力资源大量浪费。二是实行办事留痕的规定，使得社区内本来处理起来很简单的事情，却要花费大量的时间用于写材料归档和录入电脑。三是上级要求新建统一的办公大楼，造成一些贫困村背负更重的债务，而且办公大楼大面积空余，使用率极低。四是基层干部难以真正沉到农村了解真实情况、做真正的群众工作，即便是村两委选举，乡镇干部也没有将群众工作、组织工作做在前头，而是放任选举，一旦出了选举事故再进行紧急扑火。五是党建工作和精准扶贫工作是形式化最严重的两项基层工作。党建工作在农村极为虚化和形式化，基本上只停留在开会和做会议准备、记录上。精准扶贫则被基层戏谑为“精准填表”，主要的工作是建档立卡和填表，对于贫困户的走访也不是规划和扶持发展，而是告知贫困户应该享受什么样的政策。形式化既耗费了基层工作人员大量的时间和精力，也浪费了大量的物质财富，使得社区工作难以回应群众的真正需求，导致一些问题的积压和群众的不满。

2.科层化加剧

随着工业反哺农业、城市反哺农村的力度加大，大量的资源通过行政部门下到城乡社区，给城乡社区增加了大量的专业事务。在城市，社区各条线基本上下派了自己的专业人员，但是其触角尚未延伸到广大中西部农村社区中。这就使得许多业务工作必须由村两委干部来做，徒增了村干部的工作量。诸如民政的业务工作一直在增加，在东部发达农村社区专门设立了民政专干，在中西部农村则主要由村文书负责。伴随着行政工作的增多，原本分工不明确的村干部逐渐有了相对清晰化的专业分工。村干部除了要完成基层业务工作外，还要花费大量的时间应付行政部门对业务工作的检查。应付检查的方式是做材料，以及带领行政干部下村入户。行政工作挤占了村干部的大部分时间，使得他们对行政工作应接不暇，疲于应付，就难以顾及社区内自治的事务，形成了“行政吸纳自治”的效应。

3.正式化风险

所谓正式化是指社区自治组织的行政化和社区干部的职业化。除了行政工作外，村干部还要完成大量的上级党委、政府交办的“中心工作”。无论是东部地区，还是中西部地区，城乡社区承接的中心工作越来越多，如中西部地区的精准扶贫、环境整治、厕所革命、禁鞭等，东部地区的环境整治、安全生产整治、小散乱污整治、特色城镇建设、工程落地等。这些工作均需要社区干部的配合和做基础性工作。为此，村干部几乎所有的时间和精力都投入到完成上级的工作任务中去了。这样在形式上就有“正式化”的趋势。从实质上讲，上级党委、政府也有将村干部职业化的动力。村干部职业化了之后，上级对村干部的组织、动员和调配力度就更大，村干部完成上级任务的积极性就更高。村一级组织的正式化和村干部的职业化趋向，虽然给了村干部稳定的预期，但是也会导致村干部只应付上级的工作，而对社区内的群众事务不闻不问或无暇顾及。其风险是村干部脱离群众，群众的“小事”得不到及时处理，会引发和积累群众对基层干部的不满。

比如H省将村支书的工资调整到乡镇副科级干部的工资水平，其他干部还是拿八九千元一年的误工补贴，导致其他村干部心理很不平衡，出现了消极怠工和出走打工的现象。他们把活都留给拿高工资的村支书做，甚至在处理群众矛盾时在一旁看村支书的笑话。在H省TF县，将村干部的工资都调到每月3000元以上，这就使得村干部变成了脱产干部，他们拿的是工资而不是误工补贴，因此他们必须每天都上班坐班，但是村里的治理事务又不多，那么他们就只能是制造一些事情来做，如做档案等形式工作，看起来很忙，其实都是在瞎忙空转。

4.集体经济薄弱

村民自治需要有行政村的公共事务作为载体，村民自治在实施公共事务中得以展开。而要开展公共事务，就必须有公共资源，也就是集体经济和集体收入。村集体在有公共资源的情况下，通过村民自治的方式决定公共资源的投向，为村民提供公共服务。而没有公共资源则没有公共事务和公共服务，也就无法实行村民自治，使得许多治理问题得不到解决，群众普遍需求得不到满足。在中国农村，除了少部分行政村有较为雄厚的公共资源外，大部分行政村都属于经济薄弱村。这些村庄要办公共事务，就只能等待上级政府的转移支付和项目支出。但是这两笔经费都是专款专用，不需要村民参与，因此也不构成村民自治的经济基础。有的行政村还有机动地，机动地的调整需要村民的参与，因此尚能够激活村民自治。总的来说，大部分行政村因为集体经济薄弱，除了村两委选举之外，无法实现村民的民主决策、民主管理和民主监督。

5.精细化过度

在过去很长的一段时间，农村社区的治理都较为粗放和简约，无论是矛盾解决，还是公共产品和公共服务提供，都停留在大面上过得去就行的层面。农村社区的治理主要是靠中心工作来推动，每年或每个阶段的中心工作并不多。比如“美丽乡村百日行动”的中心工作，就是要在3个月内将农村的白色垃圾清理完，对其他诸如柴火杂物的堆放不做考虑；修路修渠只要质量过关、验收合格就算完成任务，而对它的美观大方不做考虑；至于农民的家庭、院落和个体性的需求，社区一般不给予满足。随着精细化理念的推广，精细化治理在城市和东部农村快速推进。精细化治理表现在以下几个方面：一是治理从简约走向复杂化；二是治理事务、信息、权责清晰化，治理事务的清晰化有赖于对信息搜集和处理的精准化，事务清晰了，权责才明确；三是公共服务供给个性化和提档升级化，道路建设和环境改造都实行高标准化；四是私事公共化，大量以前由农民自己能解决的事情都纳入公共事务；五是大量现代科技对治理的引入。但是，农村的许多事务是难以清晰化的，因此要在农村实现精细化治理就得投入大量的人力、物力和技术资源。社区治理的精细化大幅度地增加了治理的成本，中西部地区的基层政府会因此承受巨大的财政压力。

6.运转成本加大

城乡社区本是自治性单位，通过自治组织调动社区内部资源进行自我管理和自我服务，使其治理成本相对较低。在农村社区，除了基本的村级办公经费之外，主要的开支就是村干部的误工补贴。在中西部地区，现在村干部的误工补贴一般在每年八九千元到一万五千元不等。村级组织的这两项基本运行经费为每年五万元到十万元，说明农村社区是在较低成本下运行的。但是随着社区的正式化和科层化，社区干部的专职化和职业化，治理手段的现代化和技术化，治理事务的创新化、精细化和高标准化，治理过程的规范化和程序化，治理结果的留痕化、档案化和数字化，社区治理的成本就越来越高。譬如，在江苏省苏州市一个一两千人的普通行政村，一年的基本运行经费都要上百万元。一个村的集体收入没有达到这个数字就属于经济薄弱村，需要政府补足差额。再如，中西部许多行政村一年花在精准扶贫材料打印上的经费就达两三万元。

（四）解决当前社区治理问题的建议

针对上述全国农村社区治理出现的问题，可以从以下几个方面给予解决：

1.确保村级组织的自治性质和村干部的非脱产化

确保村级组织的自治性质，而非科层化和正式化，有几重考虑：一是可以确保上级组织不过多地干预村级自治组织的自治事务，也不过多地将行政事务布置给村级组织。行政事务无论有多少，村级组织主要是起到协调配合的作用，而不是主要的实施主体。比如，若民政部门的事务较多，那么民政部门可以招聘干事进村，而非直接调用村干部做专业性的事务，尤其是行政部门不能对社区自治组织有过多的评比检查和争优创新的事务。应该取消省市县乡各级部门对社区的评比检查。二是可以确保村级自治组织将主要的人力、物力等资源投入到自治组织内部事务上，而不是应付上级各部门的事务上。村级组织若能用“自治”为由拒绝上级部门摊派的过多任务以及相关的督导检查工作，村级组织就更容易摆脱形式主义的束缚。三是可以确保村级自治组织的主要职责是组织和动员村民解决自己的事情。自我管理和自我服务是村民自治的内在要求，村民有许多细小琐碎的日常事务需要解决，但是单个的村民又无法解决，那么村级自治组织就可以将村民组织动员起来解决。如果这些“小事”都由基层组织来解决，就会带来高成本，而且不一定能够很好地解决。如果将农民组织动员起来解决，则既成本低又有效率。

另外，还要保持村干部的非脱产化。这样，村干部拿的报酬就属于“误工补贴”，而不是工资。这样可以节省村级运行的成本，村干部在没有村务的时候可以就近务农、务工和经商。这既可以获得“误工补贴”之外的收入，也可以就此了解农村情况。村干部拿误工补贴，上级党委政府及其部门就不太好意思将过多过重的任务交给村干部处理，可以使村干部从科层事务及一些中心工作中解脱出来，从而可以更轻松、更自由地处理村民自治事务。村干部的非职业化，其身份就是村民选举的干部，那么他们就会更在乎对村民的公共诉求，他们有责任有义务接触群众、了解群众需求。而职业化后村干部更多地是对上负责，可能对农民群众的诉求置之不理，或敷衍塞责。保持“农民”身份而不是“干部”身份，更有利于他们深入群众，与群众打成一片。“脱产化”则很可能使村干部脱离群众。保持村干部的“非脱产化”让他们还把自己当作“农民”，有利于强化他们对农民的伦理责任。村干部一旦到岗位上，就会生发一种对农村社区、村民的“当家人”的责任，他们也就有责任有义务将社区治理好，把村民的事情办好。

2.给予村级组织一定数量能够自主支配的“活钱”

村民自治需要有经济基础，目前大部分行政村的情况是集体经济薄弱，转移支付和项目经费又都是“死钱”，不能用于激活村民自治。因此从调查来看，全国大多数行政村的“村民自治”徒有其名，而无法发挥应有的功能。地方政府可以给予每个行政村每年十万到二十万元不等，村级组织能够自主支配的“活钱”，那么村民自治就可以被激活。地方政府不限定这笔钱的具体用途，也不对这笔钱进行严格复杂的财务报账和审计工作，只规定要用出去这笔钱需要村民代表、村两委成员开会讨论并签字等程序。这样，这笔钱就成了村里的“活钱”。因为这笔钱是公共资源，又不是专款专用，那么村民为了自己和村组的利益就会盯着这笔钱，既要争取将这笔钱用到自认为最需要的地方(如自己小组修路、通水、通路灯等)，也要使这笔钱不被村干部给贪污挪用了。因此就会激发村民参与讨论这笔钱用到哪儿、怎么用、用的效果怎么样的积极性，使得村庄不同的力量都参与讨论和争夺，形成和激活村庄自治。那么在开会讨论和多数表决中就会决定这笔钱的用处和形成对这笔钱的监督。比如这笔钱今年修一组的通组路，下一年修二组的通组路，再下一年修三组的机耕道，都要通过村民代表、小组长、党员大会讨论通过。

只要村庄社区有这种针对公共资源分配的会议，就会产生村庄自治，形成公共资源流向的良好秩序。在搞公共事业的过程中，这笔钱还能够激活村庄其他的资源，比如村民会议讨论决定哪个小组能够将工程所占用的土地免费征用就先修哪个小组的道路，这样就会促使各个村民小组争先恐后地做好本小组内的工作。同时在这种竞争中，也能够动员村民的力量，形成做出牺牲和针对钉子户的强大舆论氛围，产生和强化村庄公共性。有了对这笔活钱分配的参与和讨论，就会形成村民协商民主的习惯和机制，在其他的公共事务上也会套用这种机制。村级民主协商的机制保证了村干部与群众之间的密切联系和良性互动。

调查了解到，成都市给每个村每年发放 40 万元的“公共服务资金”，武汉市组织部给每个村每年发放 10 万元的“党建经费”，都属于我们所说的“活钱”，能够激活村民自治。

3.减少村级组织的文牍化和形式化

村组干部面对的是普通农民，主要的工作是解决农民之间的矛盾和农民关切的事情，满足农民对公共服务的需求，使小事不出组，大事不出村。所以村干部主要处理的事情具有以下特点：一是细小琐碎，不成规模，每一件事都可能是孤立和独特的，难以进行专业化分类治理；二是事件本身具有延伸性和拓展性，与其他人和事情具有千丝万缕的关系，不能就事论事进行现代规则化和形式化治理；三是许多事情是小事，村干部顺带就处理了，耗时耗精力较少，村干部也不认为这是工作内容，但是要写材料归档却耗时甚巨；四是村里的党员干部是党和政府在村里的代表，其主要工作是接触和联系群众，做群众工作，对群众进行组织、动员和教育工作，这些工作嵌入到他们的日常生活中，难以与其日常生活区分出来，因此无法单独抽离出来建档归案。总之，村干部的主要工作是群众工作，既然不能文牍化和形式化，也就不应该将其时间和精力耗费在文牍化和形式化的工作之中。

4.既要把村级权力关进笼子里，又要给予村级组织和村干部一定的自主空间

村干部是离村民最近、村民接触最多的公务人员，如若他们的权力得不到约束，成为村霸或“苍蝇”，对村民的危害最大，村民对他们的负面体验也最为深刻。因此，要把村级权力关进笼子里，要使它在阳光下运行。当前乡村实行村财镇管的政策，就将村级财务给规范了起来。纪委对村干部进行督查、问责和不定期抽查对村干部起到了震慑作用。随着村级权力运行的一系列具体规章制度逐渐建立并运作起来，都使得村级权力的运行越来越规范。但是同时也出现了一些问题，就是上级政府对村级组织和村干部不信任，许多任务下达得过细、过死和过于刚性，完全关死了村干部视实际情况而应该有的弹性空间。这样也就束缚了村干部的手脚，使他们只能硬着头皮完成上面的任务，使得许多不符合当地实际的政策丧失了调整的空间。同时，许多政策下来之后，在执行

的过程中伴随着许多的督导、检查和考核,使得村干部只能做材料应付检查,而政策的实际运行和效果则难以顾及。最典型的刚性政策是精准扶贫和基层党建,二者都给基层干部较小的弹性空间,最后政策执行本身就成了纯粹的做材料。

因此,基层治理要有辩证法,既要将村级权力关进笼子里,又要适当给予村级组织和村干部以弹性空间。这样可以体现对基层组织和干部的信任,基层组织和干部也能够根据实际情况对政策进行调适,以更好的方式执行政策,并达到最好的效果。政策制定者则可以通过弹性空间的政策反馈实时对政策进行调整。如何给予弹性空间?首先是政策本身是原则性的,让基层有解释的空间;其次是对政策执行的方式方法不规定得太细,对政策执行过程的控制不要那么严(不要动不动就督导检查),而重点控制政策的结果;最后是要从相信和保护基层干部的角度出发,给政策留有试错、容错和纠错的空间。

5.农村社区治理应该是底线治理,而不是精细化治理

农民的城镇化还是当前及未来很长一段时间的大趋势。农村社区治理不是要将农村建设得像城市社区一样精致,城乡公共服务一体化也不是要将农村的公共基础设施建设得像城市那样齐全和高档次。农村社区治理依然是底线治理,农民的生活目标依然是面对城市。农村社区的底线治理主要包括三个方面:一是维持基本秩序和供给基本公共服务(品)。维持农村基本稳定既要确保农村基层组织体系的完整和基本能力建设,又要动员农民群众参与到社区治理工作中来,依靠群众自身的力量维护社区稳定,为农村提供基本的公共品和社会化服务,提升农民生活、生产和社会交往的质量。农民需要国家和村集体提供公共品和公共服务,为的是使自己的生产生活更加方便和舒适,而不是观光享受,因此只需要基本供给而已,不需要过于精致和高品质。更何况大部分农民要城镇化,一些村庄也会逐渐消失,高品质的公共产品供给会造成利用率低和浪费现象。二是将农村建设成农民城镇化的大后方,而不是中国经济的发展极。大量农村青壮年外出务工,他们中一部分获得成功率先在城镇买房子定居,另一部分要么推迟城镇化,要么进城失败,农村社区既可以是他们进城过程中的支撑,也可以是他们进城失败后的退路。作为农民城镇化的大后方,农村社区不是要建设得像城镇一样,而是要给进城失败的农民留有退路和提供保障,包括基本的宅基地、耕地和成员权制度不变,以及提供基本的公共品和公共服务。

三、社会救助的兜底保障

(一)当前民政社会救助的现状与特点

社会救助是指国家和社会对于遭受自然灾害、失去劳动能力或其他缘故而陷入生存困境的公民给予财物接济和生活扶助，以保障其最低生活需要的制度。社会救助作为社会保障体系的一个组成部分，具有不同于社会保险的保障目标。社会保险的目标是防止劳动风险，而社会救助的目标是缓解生活困难。主要的社会救助措施出自民政部门。从全国农村的调查样本来看，农村社会救助的实施较好地发挥了兜底保障的功能。对当前农村社会救助政策及其实施情况有以下两个基本判断：

1.实现了救助项目逐渐增多、救助额度适时上涨、救助范围基本全覆盖

从各地农村的调查来看，农村的社会救助项目都在逐渐增多，已基本建立和完善了以低保制度为基础，以灾害救助、五保供养、大病救助、流浪乞讨救助、临时救助、残疾人救助等专项救助制度为主体，以慈善捐赠、社会互助等为补充的社会救助体系。在武汉地区和苏州地区调查显示，当地在低保制度之外还建立了低保边缘人制度，针对特定病种和重大疾病的患者，政策最主要部分是高于平均水平的医疗报销福利。这些人收入上并不一定在最低生活保障线以下，但是由于治疗重大疾病开支较大使生活陷入贫困。低保边缘人制度将这部分人识别出来纳入政策目标群体。通过这一制度，让这些生了重大疾病的人不会去竞争低保，以获得低保的医疗报销政策。低保制度、低保边缘人政策和大病救助政策是农村最主要的三项救助政策。各项救助项目的救助额度也在随着生活水平和相关支出水平的提高而实时上涨，极大地提高了救助力度。由于救助项目增多，救助力度增大，救助范围已基本全覆盖农村需要救助的人群。比如低保就已实行应保尽保，设置“低保边缘人”制度就是为了扩大救助范围，大病救助的病种也在逐年增多。在东部发达地区，不同省市会视财力状况再制定和实施一些地方性的救助措施。

社会救助的项目增多、力度加大和范围扩大对于农村社区治理来说，主要有以下几重意义：一是保障了社区居民的生存权，维护了社区的稳定与和谐，减轻了社区治理的压力。社区有义务保障社区内居民的生存权，但是社区本身又没有经济能力对社区内低收入家庭给予救济。当政府供给的社会救助增多后，社区的压力就减少了，这有利于社区干部集中精力进行其他事务的治理，社区

干部的工作也更好做。社区内低收入群体得到了政府的救助,对党和政府的感情更深,更加支持党和政府的政策和工作。二是极大地减轻了农村低收入家庭的负担,缓解了这些家庭的压力。其中低保制度、低保边缘人制度和大病救助制度都有对大病进行救助的功能,报销比例较“新农合”要高出许多。低保边缘人的医疗报销比例高达85%。这就使得享受这些政策的家庭或个人敢于医治,而非随便放弃医治;同时也减少了这些家庭的巨额支出,不至于为此出现家庭困境或其他问题。这些问题不出现,也就增进了社区的和谐,减少了社区的许多工作量。三是真正需要救助的农民得到了救助,普遍提高了农民对政府的认可度。

2.解决了低保等救助项目实施不规范的局面

从调查来看,在2015年之前,全国农村低保制度的实施非常不规范,甚至在有的地方可以用混乱来形容。各地大量出现“人情保”“关系保”“征地保”“错保”“漏保”现象。一些地区“一人多地冒领”“死人冒领”“高报低发”“只报不发”等低保腐败频发。有的农民开着宝马吃低保,而真正的特困户难以获得低保名额。之所以会出现这些低保乱象,与以下因素有关:一是低保因为捆绑的医保福利政策,成了村庄中大病群体力争的政策。只要有人生大病,他们就会去争取低保名额,村干部也会给其办低保。有重病的家庭在申请低保时甚至跟村干部说,他们只要低保的医疗报销政策,可以不要低保金。二是低保成为治理资源,村干部将低保给那些钉子户、小组长,让他们配合或是帮助村干部做工作,或是将低保作为小组长的报酬。三是村干部将低保作为自己私人资源,给关系好的人及亲朋邻里。四是将低保作为一种公共福利,如将低保在村庄中60岁以上的老年人群体中进行分配。村干部在分配低保的过程中,若无上级政府监督,一般遵循不出事的逻辑,即只要指标分配下去不引起群众不满就行,但不出事并不代表就符合政策。五是2015年之前低保是分配指标的,低保指标一般都会超出村里的真正“低保户”,超出的指标就成了村里需要再分配的公共资源。低保乱象使得村民竞相争夺低保指标,甚至通过上访、与官员拉关系等方式获得低保名额。公共政策的公平原则被践踏,也造成了没有得到低保名额的农民的普遍不满。

2015年以后低保制度逐渐规范化。2018年7～8月,我们在全国各地农村调查,基本上难以再看到低保乱象和争低保现象了。低保制度的规范化与以下几个方面有关系:一是民政部门的大力整治和清理。二是低保相关制度越来越完善,包括建立年审制度。年审的重点内容则包括了:①共同生活成员与保障对象是否一致和准确，家庭成员是否变化；②救助家庭成员工作和收入是否有变化，要更新收入证明材料；③门面房与住房是否出租；④是否办理营业执照；⑤家庭财产与金融资产是否发生变化；⑥当年种植、养殖等经营性纯收益情况；⑦查验原申报审批资料是否齐全，是否需要补正资料；⑧查验信息系统登记是否与实际一致，是否需要复查纠正；⑨结合年审，掌握困难家庭实际困难、家庭需求。三是村干部权力运行的规范化，尤其是纪委问责下，村干部不敢为了"人情保""关系保"而冒被问责的风险，村民也知道不是村干部不讲人情面子，因此也不再向村干部索要低保。四是现代技术治理的引入，尤其是大数据比对的运用，将有明显"硬伤"的农户排除在外；另外在申请审批时可查询银行存款、工资条目、社保、股票、基金、房产、车辆等，就可以将一些人在第一步就排除掉。新技术的运用提高了低保制度的瞄准率。五是实行"不设置低保名额指标，实现应保尽保"政策。这样，在识别系统强化的情况下，低保就不会成为村庄的公共资源，从而保障了低保政策的公平性和有效性。农村其他的社会救助措施也都在逐步规范化。这些政策和制度的规范化，使得资源的瞄准率提高，减少了资源的浪费和制度运行的成本，增强了农民对农村基层组织的信心和信任度，

（二）农村社会救助存在的不足之处

农村社会救助制度和措施正在不断完善，实践中也暴露出了一些不足之处，主要有：

1.福利捆绑问题

这里主要是指低保对其他救助项目的捆绑问题。低保是居民最低生活保障，它保障的对象是家庭人均纯收入低于当地最低生活保障标准的农村或城镇居民。低保的本质含义是只对最低生活标准线下的保障，而不包括其他的救助项目。但是在实践中，只要被评上了低保户，那么社会救助中的其他项目也被捆绑了进来，使得低保户能够享受这些政策福利。政策设计者的初衷可能是认为低保本来在生活上就已低于最低生活标准，那么他们在其他如"衣食住行医学"上也必然是困难的。因此，只要他们有这方面的需求，就不需要对专项救助措施进行再申请，直接享受就行了。从调查来看，低保制度捆绑了以下福利项目：①每月的资金补贴（例如在苏州农村，一位低保边缘户每月收入只有400元，那么政府会为其进行补贴，使其收入达到945元的贫困户标准线，除此之外，对于特别困难的群体，镇政府还会在此基础上再予以20%的补贴）；②危房改造；③平时慰问；④治病费用报销（生病报销其费用的比例达到了85%）；⑤大病救助（报销后若自付费用仍然超过一万元，便可以继续报销20%）；⑥大病补助；

⑦子女的教育补助;⑧公交优惠;⑨取暖费的减免;⑩临时救济;⑪新农合由政府代交;⑫其他优惠措施(如数字电视免费、电费部分免交等)。

低保制度的福利捆绑,一方面让低保户享受了较多的救助救济福利,另一方面也减少了许多繁杂手续,方便了低保户直接享受相关福利项目。但是同时也带来了一个较大的问题,那就是低保户好处很多。这就可能造成农民争夺低保户名额的现象。比如有成员生大病的农民家庭想享受大病救助的政策,有子女上大学的家庭想享受学费免费的政策,有建房或改造房子需求的农民希望享受危房改造政策,那么这些家庭就想通过纳入低保范围而来享受相关政策。低保福利捆绑政策使得低保户享受的政策过多,也可能挤占其他社会救助项目的资源。

2.政策区域差异问题

社会救助项目的救助力度与地方经济情况密切相关,许多地方还出台一些地方性的社会救助措施,这就必然造成社会救助政策的区域差异问题。区域差异问题会带来区域间的不公平现象,在信息相对封闭的状态下并不会成为问题。但是在信息全面开放和流动状态下,地方性政策会成为人们比较的对象和焦点,从而带来政策受众群体的不公平感。尤其是那些集体行动较强的受众群体,比如参战人员、退伍士兵、民办教师、工程移民、老村干部等,他们对区域性的差别较为敏感,不公平感也最强烈,容易引发地方的政治社会稳定问题。经济发达地区不断出台新的救助项目,还容易制造新的分利群体。

(三)健全和完善农村社会救助制度的建议

根据上述问题,笔者有针对性地提出健全和完善农村社会救助制度的几条建议:

1.给社会救助项目进行福利松绑

低保在农村社会救助中最重要,捆绑的福利项目也最多,因此最容易出问题。要给低保等社会救助项目进行福利松绑,将每一个救助项目都独立出来,不与其他项目捆绑在一起,所有的项目都按照项目的要求和程序进行申报和批准。有些家庭或个人同时需要多个项目的救助,每个项目都要独立申请,虽然增加了手续,但是保证了救助项目的救助目标。这样即便是低保户,如果不符合某项政策的要求,就不能享受该政策的福利。如大病报销,按照现行的福利捆绑政策,低保户即便是没有得大病,他们也享受大病救助的福利,从而可能挤占大病救助的资源。一旦松绑之后,低保户只有在满足大病救助的前提下才能享受相关福利。

2.确保社会救助回归底线救助性质

低保户无论得了何种疾病都能够享受85%的医疗报销费用。在苏州农村，为了让那些得了特殊病种或大病而又没有低保的农民能够享受低保所捆绑的医疗报销福利，就创设了"低保边缘人"的救助项目，使这些人也能够享受高达85%的医疗报销比例。这些报销不是一次性的，而他们只要是低保户或低保边缘人就能够享受这个政策。与这种报销制度相对的是大病救助的报销制度，后者是一次性的，并且是在其他报销之后超过部分按照百分之一二十进行报销。前一种医疗报销制度实质上已经超出了社会救助的底线性质，变成了一种高福利，一种类似医疗保险性质的社会保障。而低保户或低保边缘人又没有缴纳任何的医疗保险费用，纯粹是国家将这些人的医疗疾病给承担了起来。而这类人又是"应保尽保"，那么如果他们的数量足够巨大，国家是否有能力承担得起来就是需要斟酌的问题了，并且对于其他没有享受低保的农户来讲也是一种极大的不公平。社会救助应该回归底线救助的性质。

3.逐渐建立全国统一的社会救助政策

随着现代技术的成熟，完全可以建立全国统一性的社会救助政策。有了包括全国统一的救助项目，就不再允许地方设置自己的救助项目，特别是对于涉军、涉教、涉老村干部等群体的救助项目更应该有全国统一性的政策。地方性救助项目有违公平，会给其他地方的居民带来不公平感。若其他地方也出台类似的项目，则会加重当地财政的负担。政策还要包括全国统一的救助额度，即便是各地有差距也应该由国家来做出规定。国家做出的规定是权威性政策输出，各地受惠群体就不会相互比较，也就不会通过上访、群体聚集等方式向地方政府施压要求同等待遇。在项目和额度的调整上也要有全国统一的步调。

4.尽量不制造新的社会救助受惠群体

伴随着民政系统资源的增多，救助项目和受惠群体也在增多。以前不需要进行救助，通过自助和互助就能解决问题的群体，在得到民政的救助后就会形成对民政救助的依赖。因为凡是给出去的福利只能继续给，不能停止，只能增加不能减少，所以应尽量不新增受惠群体。

四、社会组织的协同参与

社会组织被认为是社会治理的重要主体，也是民政参与社会治理的重要载体。在社会治理创新的大背景下，社会组织也获得了较大的发展机遇。为了进一步转变政府职能，更好地发挥市场在资源配置中的决定性作用，2014年财政部、民政部和工商总局联合出台了《政府购买服务管理办法（暂行）》，基层政府积极响应，以政府购买服务项目为运作方式，促进社区与社会组织的对接，以实现基层社会的多元主体协同治理。从调查来看，社会组织在社会治理中发挥了一定的积极作用，但同时也存在一些问题和值得反思的地方。

（一）城乡社区治理中社会组织的类型及其特点

在城乡社会治理中存在两类社会组织，一类是外生型社会组织，一类是内生型社会组织。前者是指在民政部门有正式登记、外在于社区但通过各种形式参与社区治理的民办非企业组织。后者是指由社区自治组织或居民组织建立，一般没有在民政部门登记的自组织。外生型社会组织首要特点是具有较强的组织性，其组织系统一般要超出社区，自己组织科层管理系统，有正式的机构、经费和成员，资源和成员服从组织的调配。第二个特点是专业性较强。不同的组织有不同的专职长项，即便是综合性社会组织，其内部也有专业性的分工。这些组织有较强的专业知识、专业技能、专业工具和专业人员。第三个特点是它们有较强的理念，希望通过专业化的服务实现组织的理念和目标。第四个特点是它们参与社会治理的方式与他们获得经费的渠道有关系，其中一个渠道是由相关基金会提供的经费。外生型社会组织通过这部分经费能够在政府的监管下参与和介入社会治理，这种参与社会治理的方式具有较大的自主性。第二个渠道是政府购买服务的经费，社会组织向社区提供特定的服务，获得政府的经费。政府购买什么样的服务，社会组织就提供什么样的服务，而不提供额外的服务。社会组织多以这种方式参与城乡社区治理。

内生型社会组织是由社区自治组织或社区居民积极分子成立的社会组织，它的功能是满足居民的某些特定需求。内生型社会组织既有综合性的组织，也有专门化的组织。如老年人协会就是综合性的组织，是由社区自治组织建立的，由社区提供场地，协会内部再细分为腰鼓队、棋牌组、放映组等。而一些兴趣小组则主要是根据不同的兴趣爱好而组建的专门的社会组织，如太极拳协会、象棋协会、广场舞小组等。内生型社会组织的特点：一是它们是社区内的自组织，民政部门不对其进行管理，自组织实行自我管理和自我服务，社区自治组织偶尔会有些资源支持；二是自组织的组织体系不严密，内部结构较为松散，组织者与成员是平等互助的关系，组织成本较低，组织形式较为灵活多样；三是服务较为粗放，专门性服务也不专业，能够满足居民的某些基本需求；四是它们是社区内的自组织，对社区居民的情况较为熟悉，能够有针对性地提供相关服务；

五是内生型组织具有文化性、互助性和群众性的基本特性。文化性说的是它们提供的服务多与文化娱乐、休闲养生有关；互助性是指它们是群众相互提供帮助和支持的组织，提供服务不需要支出服务费用；群众性则是说它们是群众自己组织起来为满足自己需求的组织，它们调动了群众的积极性和主动性，服务不需要购买，参与没有门槛，全凭自愿。

从社会组织提供服务的性质来看，外生型社会组织提供的一般是专业性较强、具有一定规模效应的服务；内生型社会组织提供的则是专业性不强、具有一定个性化的需求。两类服务的共同特点是通过市场来提供，成本都比较高，或者在市场上难以购买。如果用外生型社会组织来满足内生型社会组织所能提供的服务，也会带来较高的成本，导致专业化资源的浪费，以及供给超过需求的现象。当然，如果用内生型社会组织来满足外生型社会组织提供的服务，则会导致专业化不足，服务不到位。所以，在社区内，社区自治组织、市场、外生型社会组织和内生型社会组织四类治理主体，应该各司其职，相互配合，不越权揽职，才能将社区治理好，满足社区居民各方面的需求。

（二）外生型社会组织在社区治理中存在的问题

当前基层社会治理中，出现了对外生型社会组织的迷信，认为它们是万能的，甚至有通过外生型社会组织替代其他治理主体的功能的倾向。在实践中的表现就是基层政府大量购买社会组织的服务，以前其他治理主体提供的服务也被外生型社会组织越俎代庖。事实上，从调查来看，外生型社会组织在社会治理中存在诸多问题，主要有以下表现：

1.外生型社会组织脱嵌于社区，不能提升基层社会治理能力

从调查来看，外生型社会组织与社区及其居民的关系是脱嵌式的，主要与以下几个方面有关系：一是外生型社会组织与社区的项目合作不稳定，其组织成员流动性较大，使其无法成为社区治理的常态化主体。外生型社会组织与社区的对接依靠的是政府购买的服务项目，如果项目完成又没有其他项目跟进时，外生型社会组织就要撤离社区。而且由于项目周期一般是一年，对接时间短且不能保障未来几年内都能对接固定社区，因此外生型社会组织就不会与社区建立紧密联系，不会花费过多的时间与精力在与社区自治组织和居民的联系上，导致二者关系相对疏远，项目合作不稳定。二是社区及其居民对外生型社会组织缺乏信任感。由于外生型社会组织对于社区和居民是新鲜事物，加上社会组织的机构和人员的不稳定性，导致了社区居民与社会组织难以建立良好的信任关系，甚至对其知晓度都比较低。三是外生型社会组织以完成项目为生存

目标，看中项目实施的效率和结项效果与项目策划中目标的契合度，没有以满足居民需求、解决社区问题、实现社区善治为己任，也不关注实施的项目居民是否欢迎、能否真正满足居民的需求和解决居民的问题。四是外生型社会组织不参与跟社区活动项目无关的社区重大事件决策和民生事务管理工作，对项目之外的治理事务和群众需求不了解。

外生型社会组织脱嵌于社区使得其工作人员对社区情况不熟悉，他们局限于与特定服务对象打交道，按照自己的组织方式和理念行事，以完成特定目标为导向。这样的结果，一是不善于学习和总结与群众打交道的方式方法，甚至不乐意跟项目对象之外的群众接触，因此难以形成群众工作的经验。许多年轻的工作人员甚至要社区干部带着他们做群众工作。二是组织成员的理念很强、工作目标很明确，工作时往往直奔主题，不注意方式方法，更不调查群众的真正需求，从而导致专业服务水土不服，与群众的需求和文化习惯相距甚远。三是由于工作目标与群众需求不对接，导致原本给群众服务的项目变成严重扰民的事情。外生型社会组织的工作依赖于社区干部对项目对象的组织，由于群众对项目无需求，社区干部只能每个项目、每次活动都组织社区内的经济分子参加，既增加了社区干部的工作，也在损耗积极分子的积极性。总之，外生型社会组织在社区内的工作，不但没有增加社区治理的资源和增进治理能力，实现为居民服务的目标，反而增加了社区治理的工作。

2.外生型社会组织专业化服务难以满足社区基础性的需求

专业性服务与基础性需求的矛盾表现在以下几个方面：一是专业性服务属于小众需求，大部分居民没有这方面需求，使得项目资源供给不公平。诸如才艺培训、心理辅导、书法爱好等，在城乡社区都属于少数人才有兴趣的项目，对于农村老年人来说更是没有这些需求。有些老年人的活动也只是那些有活动能力的老年人参加，而那些真正需要帮助、需要被组织起来的老年人则没有得到这方面的服务。比如，社会组织在社区内组织老年人练习书法，能够参加这项活动的多是本来在家里就经常练习书法的老年人，而不练习的老年人也不会参加。这样活动资源就存在浪费和投放不公平现象。二是市场对专业性服务已经很成熟，再由社会组织来提供纯属浪费。譬如青少年教育培训、居民健身等专业性服务，市场供给和市场竞争很充分，居民对这些市场也非常熟悉，他们有这方面的需求就会到市场上去购买，无须通过政府购买的方式再向居民提供服务。三是有些专业性服务由社区自治组织来提供更专业更合理，由社会组织来提供则属于越俎代庖。诸如矛盾调处、关系调适、困难救助等服务项目，本身就是社区干部的职责，社区干部也最了解社区内各家庭、人与人之间的情况，他们也有这方面工作的丰富经验，由他们去解决这些问题才是最专业的。而外生型社会组织对社区情况不熟悉，纯粹专业性知识如法律等介入还可能使事情变得更糟糕。四是有些专业性服务能够由居民自己承担，由社会组织来提供属于开发额外的服务项目，也是浪费资源。诸如理发、丢垃圾等项目原本就是由居民自己完成，无须特别的专业型组织来供给。还有诸如免费体检，社区卫生服务中心也已经提供了。

这样一来，政府购买的专业机构提供的服务原本应该是所有居民都受益的，但是因为社区居民的需求是分化的和差异化的，政府不可能将所有居民的差异化的需求都购买起来，只能选择性地购买，而没有分化的基础性需求专业机构又提供不了，因此最终能够从专业化服务中受益的就只有少数居民。由此居民对政府购买的公共服务的享受就有差异，就会产生不公平感。同时，居民的基础性需求又得不到满足，他们就会对基层组织有抱怨。

3.外生型社会组织垄断社区服务供给会导致基层组织边缘化、悬浮化

在有的地方，社区治理的诸多事务和服务项目都由政府向社会组织购买，甚至连基层党建的相关事务都外包给社会组织。这样会导致非常负面的后果：一个是社会组织做的事情越多，基层政府就会形成路径依赖，治理事务越来越依赖社会组织，很可能导致社会组织的利益集团化，它们会实时向基层政府要价，甚至以治理事务为由绑架基层政府，使得基层治理成本越来越高。二是社会组织在社区治理中做的事情越多，就会挤占越多的社区自治组织的治理和服务空间，甚至将社区自治组织边缘化，使得社区自治组织的主体性、积极性和工作能力下降，不能自主地开展社区自治工作。三是社区自治组织与群众接触的机会减少，越来越脱离群众，使它悬浮于群众之上。这样就会造成群众只知社会组织，不知有自治组织，社区自治组织动员群众、做群众工作的能力下降，更不用说教育群众了。总之，基层政府在社区治理中过于依赖社会组织，就会动摇基层组织在社区群众中的根基。

4.外生型社会组织给多少钱办多少事，服务成本高

社会组织的服务不是纯自愿性质的，它们要消耗组织成本、专业人员工资、相关工具设备费用等。据调查统计，政府购买社会组织的经费中仅10%用于提供相关服务，60%～70%用于发放工作人员工资。但是尽管如此，工作人员的待遇仍相对较低，导致这些社会组织的工作人员流动性较大，一两年就要大换血。一个工作人员在一个社区最多待一年，对社区既不熟悉，也建立不起感情。

许多社会组织的服务效果得不到社区和居民的认可。我们在佛山市调查的一家综合社会组织给十个社区提供服务,但仅有一个社区有少数人来参加活动,而其余九个社区几乎没人参加。连该社会组织自己也在反思自己所作所为是否有意义,但是这家社会组织从政府那里所得到的服务费用却高达100万元。如果给每个社区10万元的自主支配经费,治理和服务效果肯定要比社会组织好。外生型社会组织提供的服务成本高、效益低,已经被越来越多的基层组织所认识。

(三)如何正确摆正外生型社会组织在基层社会治理中的位置

无论是顶层设计者,还是基层政策制定者,都要去除对外生型社会组织的迷信;既要认识外生型社会组织的优势和缺点,又要明确其他社区治理主体的作用和功能,充分发挥它们各自的优势,以各尽其能。

1.少数特殊群体的个性化的专业性需求由外生型社会组织来提供

外生型社会组织的服务需要由政府来购买,因此它的功能实质上是政府功能的延伸。政府不是万能的,它没有足够多的资源将居民的所有需求都承包下来,只能为居民中少数特殊群体提供相关专业服务,为大多数居民提供基础性服务。政府没有相关的专业队伍、工具和技能,可以将为少部分群体提供的专业服务外包给专业性组织或机构;基础性的服务则由社区内其他的治理主体来承接。社区内少数需要特殊专业服务的群体主要有高龄失能老人、重度残疾人、患精神疾病人群、社区矫正人群等,对这些群体的服务需要具有专业知识、专业技能的专业人员提供,其他社会治理主体无能为力。这些群体人数少,政府给他们购买相关专业服务的总体成本不高,却能够解决这些群体的问题,减轻这些群体的家庭负担,也增进了社会的和谐稳定。

2.非特殊群体的个性化的专业性需求由市场来供给

除特殊群体的特殊专业化服务以外,社区其他居民也有一些带有个性化和专业性的服务需要满足。有些基层政府也通过购买社会组织的专业服务来给予满足,这样一来的结果是政府承担了巨大的购买服务的成本,而且享受服务的人群没有普遍性,由此带来资源分配不公平的现象。这些个性化、差异化的专业性需求无限之多,政府也购买不过来。事实上,居民完全可以在市场上自行购买个性化的专业性服务。市场的优点是对需求较为敏感,有什么样的需求,就会生成什么样的市场。比如青少年的体育、文化兴趣培训,市场化教育机构已发展得十分充分,服务的质量与费用成正比;还如居民健身,专业化的健身机构遍布各个居民小区;又如理发服务,市场上的选择很丰富,政府无须再为居民购买服务；再如打麻将，不同档次的麻将馆遍布农村城镇，有不同档次的需求就到不同的麻将馆购买服务，不需要政府为农民购买；等等。总之一条，凡是非特殊群体的个性化的专业性需求，皆应由市场来提供，而不应由政府来购买，否则对那些没有这些需求的人就是不公平。

3.非特殊群体的普遍化的基础性需求由社区自治组织来提供

普遍化的基础性需求的特点是较为零星琐碎，与居民的日常生活息息相关，专业性不够，影响力也不大，很难为政府所知晓，因而无法进行专业性的市场供给或政府购买。由社区自治组织来提供这些服务有几大好处：一是社区自治组织能够解决居民普遍化的基础性需求与服务供给有效对接的问题。社区自治组织是嵌入居民社会关系的组织，它深入群众中与群众打交道，熟知居民的需求；它还能够调动居民中的积极分子，通过积极分子的上传下达作用来获知居民的需求偏好。二是社区自治组织是居民身边的组织，能够对居民需求进行及时、精准的回应。外生型社会组织是流动性的，而且上下班有规律，周末不办公，因而周末和下班的时间内就无法提供服务，但是社区自治组织却可以随时提供服务。三是社区自治组织就有综合能力，能够满足居民具有综合性的基础需求。比如，社会组织擅长做环保宣传，却不能解决居民最头疼的小区垃圾堆放问题，他们擅长专业性心理辅导，却不能有效化解噪音扰民等邻里纠纷。四是社区自治组织提供的服务可以由居民进行直接监督，监督的成本较低。因为它就在社区内，群众的眼睛是雪亮的，整天盯着你，没做好就要说你，做好了就得到认可。而社会组织的专业化服务，服务的过程和效果要由专业性机构进行量化评判，受众群体的直接感受被认为是不科学的，因此需要聘请第三方评估公司进行监督和评判，由此拉高了成本。

4.非特殊群体的个性化的基础性需求由内生型社会组织来提供

居民中有些基础性需求不是普遍化的，而是带有群体个性特征。这些需求因为带有基础性特征，专业性不足，不能通过专业性机构来提供服务，而居民个人到市场上购买成本又太高，社区自治组织若给予提供又太多太琐碎，长期提供成本太高，因此只能由社区内群众自治性组织来提供。也就是将有相关需求的居民组织起来为自己提供服务，社区自治组织可以给这些组织一些资助和指导，如活动场地、基础设施等，还可以聘请专业人员来培训和指导。这些组织一般是一些趣缘性组织，如戏剧协会、老年合唱队、老年广场舞等。这些民间组织不在民政部门登记，也少有正式的办公场所和章程，但是它们具备以下共同要素：一是有积极分子，积极分子将相关爱好者组织起来，建立组织形态，并与社区自治组织联系沟通,争取一些支持;二是组织结构松散,管理扁平化,积极分子的权威在于他们给成员提供无私的奉献;三是组织内有一定的组织纪律和精神风貌,个体对外代表组织的形象,个体对组织有一定认同和组织自豪感;四是每天或定期举行组织活动,给成员提供相关的服务。当前农村社区比较火的内生型社会组织有两类:一类是综合性的老年人协会,为六十岁以上的老年人提供综合性的服务;一类是专门性的广场舞组织,主要是留守农村的年轻和中老年妇女参与。

五、社会工作机构的查漏补缺

社会工作机构(简称"社工机构")是典型的外生型社会组织,是介入社区治理最多的社会组织。外生型社会组织在社会治理实践中存在的问题,社工机构也存在。社工机构及其工作人员在社区治理中的定位,也应该是为社区内少数特殊群体提供个性化和专业性的服务。从全国城乡社区的调查来看,社工机构的运作效果并没有得到居民、社区和政府的普遍认可,连他们自己对一些服务项目也存在质疑和反思。但我们2018年7月在广东佛山顺德区容桂街道调研时,发现当地社工组织在村级社区治理中发挥了较为正面的作用,当地有个老村支书说:"社工是社会安稳的重要工作人员。"顺德区的社工经验值得总结和介绍,归结起来主要有以下几个方面:

(一)自主发掘社区服务需求和目标

政府在购买社工服务时没有严格设定具体的服务项目,意味着政府购买的是社工的劳动力,而不是具体的服务。这就给了社工人员在村社区内部自主发掘服务需求和供给服务的自主空间。这样对于社区治理来说,社工人员既是掌握一定专业知识、技能和工具的劳动力,也是普通的劳动力。那么作为普通劳动力,由于政府购买服务时没有设定具体项目,那么在服务合同期内,凡是社区治理服务事务及群众工作就都是社工人员的责任,社工人员有义务配合社区干部给予满足或解决。这样,社区自治组织可以调配他们参与治理性和服务型的任务,分担社区自治组织的一些工作。比如,村干部要在村里开展一项大型活动,需要人手时可以请社工帮忙,需要专业技术时也可以找社工帮忙,社工也乐于帮忙。这样一方面能够建立与群众打交道的机会,熟悉更多的村民,为日后开展工作奠定群众基础;另一方面能够拉近与村干部之间的关系,为日后开展工作获得村干部的支持奠定资源基础。

另外，社工人员可以在社区内发掘一些专业性事务之外的居民需求并给予满足。而作为专业劳动力，可以根据自己掌握的不同专业发掘一些专业性需求并给予满足。社工人员拥有较强的自主权力，那么他们就不是根据限定的服务项目做“规定动作”，而是自主判断群众需求的轻重缓急，使社工服务与群众需求能够实现有效对接。

(二)走群众路线整合群众需求

社工人员进驻社区之后，虽然没有服务项目的束缚，但也不是漫无目的地开展活动，而是通过走群众路线整合群众需求。社工人员走群众路线整合群众需求的方式有以下几种：一是调查研究，即通过一户户走访座谈和问卷调查，了解村民的实际需求，将村民需求统计后整合排列，列出村民最迫切的需求，再进行需求供给能力评估，写出策划方案，经过村委会审核后再面向村民开展服务。二是长期驻村，社工组织和人员通过居站在村的方式长期驻扎在村庄，建立稳定的工作地点，每天准时上下班，开展稳定的社工服务。电话向群众公布，24小时开机，只要群众有需求，无论下班还是周末都给予及时回应。居站在村可以建立与居民和社区干部之间的熟人关系，既能够及时获得居民的需求偏好，也能够强化社工人员对居民的责任意识。三是参与治理，社工人员成为社区干部的重要助手，既能够与社区干部建立联系，也能够参与社区治理事务的决策、实施和控制过程，了解社区治理事务以便于他们发掘群众的真实需求，同时通过接触群众，学会做群众工作的方式方法。

(三)接受政府、社区和群众三方监督

社工服务是市场行为，很容易导致无法提供有效服务和成本—收益不对称的市场失灵效应。为了避免市场失灵，需要将社工人员及其服务置于政府、社区和群众的三方监督之下。在许多失灵的政府购买社工服务中，群众只是被动的服务受众，没有监督的权力；社区也只是配合社工搞活动，也不对社工进行监督；政府请第三方评估公司进行监督和评判，而第三方一般不会做出真实的评估。因此，社工服务处在没有监督的情形下容易导致市场失灵。

三方监督是一个相互联系的监督体系，首先是政府的监督。政府通过购买服务与社工机构形成分期付费的长期合作关系，每年政府会对社工机构进行评估，尽管这一评估并不专业(不请第三方评估公司介入)，但有一定的监控效力，只要社工组织出现问题，引起群众不满，就会影响下一年的签约。其次是村委会有活动审核权，村委会和社工组织形成相互依赖关系，分工合作，村委会占据主导地位，社工组织所有开展的活动策划都需要村委会签字，年终报告也需要交由村委会审查;如果社工组织所开展的活动,影响到村庄整体利益,损害村民利益,村委会会出面制止。最后,群众若是对服务不满意,或者在服务中产生了冲突,就会将问题反映到社区或乡镇街道,这会构成对社工机构的压力。

(四)调动和配置社区内外资源开展工作

资源是社工开展活动的基础。如果只有政府购买服务的付费这一项资源,工作就很难展开,也很难出效果出特色。所以社工机构要调动和配置其他资源,通过开发、调动和配置社区内外的权威性资源、人力资源和物质资源,增强自身服务供给的能力。

首先是权威性资源。争取基层政府和社区自治组织的支持使社工机构获得合法性,他们由此可以放开手脚开展工作。其次是人力资源。积极分子是社工活动的主导者和连接纽带,通过社区内的积极分子带动其他村民参与到他们的活动中来。比如,发现积极的长者和青少年。长者是村里热心、乐于助人、时间多、六七十岁的老人,他们可以带动其他老人参与活动,也会主动将自己已有的资源贡献给社工组织。例如村里开展素食食堂,为老人做素食午餐,一些老人就将自家菜地里的菜拿来送给大家吃(素食食堂是村里另一个社工组织开展的项目)。积极活跃的青少年可以带动附近的小朋友和家长参与活动。最后是物质资源。主动争取社区内外部物质资源可以增强服务供给的能力:一是村庄闲置的资源。比如社区闲置的房间,可以用于建立图书室和教室,很多小朋友有空时就到图书馆看书,暑期时在教室里提供免费的兴趣课程。二是市场闲置资源。社工组织可利用的经费不足时,他们可以利用各种关系在市场搜寻资源。比如有一些房地产公司的售楼部完成售楼任务后,不用的沙发、桌凳,他们就去游说募集过来使用。三是村级组织的支持资源。比如社工可借助村干部联系村里股份合作社社长和寺庙理事长等,利用各合作社和寺庙的一些活动空间开展活动。

六、养老问题的优先原则

中国农村的养老模式一直是以家庭养老为主。在大部分历史时期,家庭养老保障了农民的老年生活,维系了农村基本的家庭秩序。即便是在20世纪八九十年代,农村出现了大量的婆媳矛盾、代际矛盾等问题,甚至有老年人在矛盾中自杀的现象,但是家庭养老仍占据主流。2000年以后,伴随着农民的大规模流动和城镇化,农村老年人的生活境况逐渐变得糟糕,出现了子女不赡养父母、年迈的父母被子女赶出家门的情况。于是家庭养老越来越受到质疑，探索新的农村养老模式的呼声很高。不过从调研来看，由于中国农村地域广阔，不同区域农村的养老问题还存在较大差别，主要是东部农村与中西部农村的差别。在农村养老问题上，政策研究要在了解不同区域差异的基础上才能确切把握整体情况，才可能真正探索出适合不同农村区域的养老模式。

(一)农村养老的东中西部地区差异

著名社会学家费孝通认为，传统农村代际关系的核心是“反哺”，“父慈子孝”是其理想的代际关系模式，它不仅反映了父母对子女的深厚、自然和淳朴的爱，而且反映了子女对父母的亲情之爱。[①] 它是代际双向义务伦理的体现，也是血缘天性的伦理升华。“养儿防老”的家庭养老模式是传统小农经济社会条件下的产物，只适合于生活生产于一体的传统农业社会。在生产与生活分离的工业社会和人口快速流动及城镇化的农村社会，这种田园牧歌式的“父慈子孝”理想和家庭养老模式确实出现了很多问题。但是相比较而言，东部农村的家庭养老相对较好，而中西部农村的则问题更多。之所以如此，与两个地区之间的资源禀赋差异有关系。东部农村资源丰富，通过不同资源的输入可以弥补市场化、工业化、城镇化和人口流动对家庭养老的冲击。而中西部农村资源稀薄，外在于家庭的上述冲击和家庭结构的变革加剧了家庭资源在代际的不均衡分配。

1.资源禀赋的差异

从资源禀赋及其获取机会来看，东部农村与中西部农村的最大差别在于市场资源和市场机会的差别。东部农村区域工业化水平高，市场经济发达，工商服务业的就业机会多，为农村不同层次、年龄、性别、学历和技术等劳动力提供了不同的就业选择。当地的就业岗位可以分为两种：一种是主要为本地人提供的，即在村镇上的许多非正规就业岗位，如建设工地、规模农产、小区服务等工作岗位一般由本地人占据。另一种是工业园区、大工地及市县城区的就业岗位，这些岗位更多的是向全国劳动力开放。但是，本地农民较中西部农民可以更充分地利用市场机会以获取更多的收入，表现在以下几个方面：

其一，东部农村家庭分工模式是“半正规与半非正规就业的代际分工”。当地市场务工机会丰富且多元，形成正规经济与非正规经济并存的经济形态。在就业方面既有大量的正规就业机会，也有较多的非正规就业机会。以就业与劳动力的匹配程度来看，年轻人更青睐于工资相对稳定、程序相对规范、工作相对

① 费孝通：《家庭结构变动中的老年赡养问题——再论中国家庭结构的变动》，《北京大学学报》1983年第3期。

有保障、晋升机会较大的正规就业岗位，而中老年农民的偏好则与非正规就业的特性相匹配。那么在代际分工上，东部农村就主要是在工业领域进行分工，子代多从事正规经济，父代在非正规经济领域就业，两代人都获得工业领域的剩余。相对于此，在中西部农村，代际分工更多的是“半工半耕”，也就是年轻人外出务工，中老年人在家务农。工业领域的收入较农业领域的收入要多出不少，因此东部农村的代际分工给家庭带来的收入，要高于中西部农村代际分工所带来的收入。即便是东部农村有些家庭的代际分工也是中老年人在家种地，年轻人务工。但是东部地区的农业已经规模化和经济作物化，其收入与工业领域务工相当。

其二，东部地区的老年人能够充分就业。在中西部农村，由于国家资源输入搞建设，农民有钱之后也兴起了建房热潮，使得村镇周边也存在一些非正规就业机会。但是这些就业机会较少，很容易被留在村里的中青年农民所占据，留给中老年人的机会就少了。中老年农民在城市工商服务业领域属于无效劳动力，他们到了六十岁以后就只能回到农业领域就业，并很快就会被更年轻的中老年人所取代。因此，农民通过劳动获取收入的时间较短。而在东部农村，由于市场机会多，正规就业和非正规就业机会都很多。年轻人在正规经济领域充分就业，就会留下大量非正规就业的岗位给中老年人，中老年人不仅可以实现充分就业，还可以尽可能地延长自己的劳动时间，甚至有的中老年人可以打数份工。东部地区工业发达，产业链齐全，分工极为细化，工作岗位也细分得厉害，这就使得不同年龄段的劳动力都可以找到适合的工作。如五十多岁的农民工可以在工地上做泥瓦工，六十多岁则可以在工地上做些零星轻便的活，七十多岁可以给工地工厂看家护院，八十多岁还能在工地上洗菜刷碗。总之，只要身体允许就可以在村镇周边找到事情做。

其三，东部农村零工工种可选择性大，务工时间充足。在中西部农村，村镇周边的零工无非是务农和建筑两种。这两种都只能在天气较好的情况下才有工作，在雨雪或太阳暴晒的天气就没法干活。但是在东部地区却不同，东部农村的零工不仅工业领域的工种多，农业领域的工种也多，有的选天气，有的不选天气，农民的可选择性大。农民大可以在天气好的时候在建筑工地、农田里干活，一旦遇到下雨天便可到其他不选择天气的工种务工，如到大棚务工、到工厂里打零工、做室内装修小工等；或者说，这个工地的活干完了，很快就可以到其他工地上干活，中间间隔甚短甚至没有间隔。这样即便是打零工也可以保证足够多的务工时间。而中西部农村的零工市场机会少，务工时间和次数不确定，因而务工收入较低。

总结起来，由于在市场中获取资源的机会的差异，东部农村的家庭可以获取更多的资源，老年人也有自主的收入来源，而中西部农村家庭能够获取的资源较少，老年人基本上没有自主的经济来源。

2.通勤距离的差异

东部农村和中西部农村青壮年劳动力务工的通勤距离也有较大差别。东部地区城乡实现了一体化，公共交通设施发达，农民能够实现近距离就业，通勤时间短。农民就近务工，有这么几种情况：一是每天乘坐公交或搭乘私家车上下班，每天往返于家庭与务工处。二是在相对较远城镇务工，每到周末返回农村休息。三是在城镇居住和工作，每个月带着家人返回老家休息和看望老年人。这种近距离就业既能够节省通勤费用，还能够拉长务工的时间，也就能够赚取更多的工资性收入。更为重要的是，青壮年劳动力每天、每周或每个月都能够回家看望老年人，父母生病了也可以随时回去照顾，而且不耽误务工。也就是说在东部农村，子代穿梭往返于城乡没有通勤成本。子女还可以在父母生日、父亲节、母亲节及重要的传统节日里回家跟父母团聚，请父母到餐馆聚餐、看电影、商场购物或者短线旅游等。在非周末，老年人需要有人照顾时，若子女无法抽身，则可以请保姆或护工给予照料。老年人也可以乘坐公交车每周进城看望子女，还能够给城里的子女送一些蔬菜粮食水果等，减轻子女在城里的开支。这样就不会造成“留守老人”“空巢老人”的现象，老年人能够得到及时照料，在精神方面也获得了关怀和慰藉，不会出现老年孤独的现象。

在中西部农村则是另外一幅景象。中西部农村城镇的务工机会较少，他们更多的是到沿海发达地区务工，而中老年人则在家务工和照看孙辈。尽管现在的高速公路、铁路交通越来越发达和便捷，但是往返通勤的时间和物质成本都较大。如果中西部的农民工中途返乡，就不可能只在家待一两天，而是十天半个月，有的甚至要待上两三个月。这样他们不仅要支付旅途中的车费和生活费，在家里还要有一大笔消耗，包括走亲戚、请客吃饭和人情往来等，同时要耽搁较长的务工时间。如果农民工经常性地返乡，则需要不断地辞职和更换工作岗位，会造成工作经验和资历无法积累，务工的工资上不去。只有那些多年在一个工厂工作的农民工才能随着经验、技术和管理才能的增长而涨工资。这些消耗和成本都计算起来，就使得农民工返乡的机会成本很大。因此，没有特殊情况，农民工外出务工中途一般不随便回家，而是到年底时才集中返乡，有的农民工甚至数年才回一趟家。这样的结果就会造成老年人的留守和空巢现象，老年人生病了也得不到子代应有的、及时的照料，生日和过节也难有家人庆祝和聚会。有的老年人为了不让子代操心，生病了也熬着不告知子代。只有当老年人得了大病的时候，子女才会返乡看望他们。老年人得不到子代的精神慰藉，就会产生孤独、空虚、寂寞和无聊的体验，高龄、失能和丧偶的老年人甚至得不到照料。

3.保障体系的差异

东部农村和中西部农村在资源上的差别还包括是否购置养老保险。城镇居民社保基金主要由个人缴费和政府补贴两部分构成。个人缴纳得越多，政府补贴就越多。养老金也由两部分构成：一部分是个人账户养老金，其水平由个人缴费和政府补贴总额决定；另一部分是基础养老金，由政府全额支付。由于东部地区的地方政府财力雄厚，城镇社保向所有居民开放，农民也可以购置城镇居民社保。在东部农村，年轻人不仅给自己买社保，也给父母买社保。也就是说，能够给老年人购买城镇社保，既要地方政府有钱，也要个体家庭有钱。经济条件较好的家庭，还会给老年人购买商业医疗保险。这样，农村老年人生病治疗可以报销医疗费用，过了六十岁还能按月领取养老金。另外，东部农村许多村集体还能给村民分工，给六十岁以上的老年人发福利。所以，老年人在生活和医疗上都不依赖于子代。而在中西部农村，地方政府财政较弱，不可能向农村户籍人口开放城镇社保。农民只能享受"新农合"和"新农保"，医疗报销比例和养老金都较城镇社保低。"新农保"的养老金普遍不足一百元。子代也没有经济能力给老年人购买商业养老保险和医疗保险。年轻农民工在工厂、企业也不愿意买社保，他们要将更多的现金用于家庭再生产，而不是考虑自己的养老。因此，中西部农村老年人的生活和医疗高度依赖于子代。子代经济条件好则老年人享受的生活和医疗水平就高，反之则低。

4.公共服务的差异

东部农村与中西部农村在公共文化活动资源上也有差别。东部地区的地方政府在农村投入了大量针对老年人的文化娱乐活动设施，包括每个村都有文体中心、老年人活动中心、广场舞场地、棋牌室、图书室、各种兴趣组织等，有的村还有剧院、歌舞台等，各类器材、工具等齐全，为老年人打发时间、发挥余热、锻炼身体、娱乐身心等提供了物质条件和组织基础。东部农村最近若干年正在推动兴建老年人日间照料中心，政府购买服务的社工机构也开始介入农村养老。与东部农村活动场所和活动形式多元化相比，中西部农村老年人的公共活动场所及其设备设施就属于稀缺产品。农村老年人休闲打发时间的场所还是传统的公共场地，活动形式多是串门、聊天和打麻将。最近几年农村兴起了广场舞，不少行政村才专门给广场舞队修建了广场。

归结起来，东部农村资源丰富，地方政府和村级组织财政实力雄厚，能够为老年人提供相关的养老服务；个体家庭获取资源的机会较多和能力较强，在物质资源和劳动力资源的分配上都可以较多地向老年人倾斜；老年人自身也能在非正规就业市场获得较充分的就业，他们在日常生活和医疗上能够自给自足，并且大部分老年人都有一定数额的积蓄。因此，在东部农村基本上实现了政府、家庭、市场、社会组织和老年人等共同养老的局面，养老水平较高，老年人的物质生活和精神生活需求都得到了较好的满足。这是典型的社会养老模式。

在中西部农村，地方政府没有足够的财力将农民的社保承担起来，许多城镇连周边失地农民的社会保障和就业问题都难以解决。个体家庭在本地获取资源的机会较少，青壮年只能外出务工获取工资性收入，而中老年人则在家获得务农和打零工的收入。青壮年务工的收入要支付较高的往返城乡的消耗。他们务工的时间没有东部农民工那么长（返乡及年后在家时间长），在务工地社会关系的积累和在工厂企业里的稳定性也没有东部农民工高，其收入水平要较东部农民工低。老年人务农的收入主要是非货币化的，而打零工的收入还需要支付日常生活的货币化开销和孙辈上学、子代返乡后的开销。因此老年人的收入要较东部地区低许多，他们基本上没有自己的积蓄。因此，在中西部农村，政府没有成为农民养老的主体，市场和社会组织也没有介入农民养老，家庭养老依然占主导。那么在家庭总体资源不足的情况下，家庭资源的分配就首先要倾向于家庭和劳动力的再生产，而不会首先考虑向老年人倾斜。尤其是青壮年劳动力是创造物质财富的主体，如果将他们配置在照顾老年人上则造成较大的机会成本。所以在该地区，老年人在能够自给自足和自理的时候，养老基本上是自养，而不是依赖于子女。只有在不能创造财富和不能自理之后才需要子代养老。中西部农村的养老则属于底线型的养老，多数老年人能够得到基本的物质生活资料，但是在精神生活方面无法得以满足。

（二）居家养老模式的优点与劣势

在农村，养老成为一个重大的现实问题。农村传统的养老主要是家庭养老，“养儿防老”是农村养老最基本的理念，子代拥有绝对的赡养父代的义务。但是随着社会的转型变化，家庭养老逐渐成为问题，带来了一些养老困境。主要原因包括：一是农村大量青壮年劳动力外流在外地工作和居住，农村空心化程度加剧，空巢老人增多。子代与父代在空间上隔离，即便子代有心养老亦无法对父代进行精心照料。二是农村的生活和消费水平越来越高,家庭之间的竞争压力越来越大,子代照顾老年人的机会成本越来越高,在忙碌与压力中子代难以顾及对老年人的赡养,尤其是精神慰藉方面的赡养。三是伴随着农村社区共同体的瓦解,农村人际关系松散程度增强,农民家庭的个体化加剧,养老成为个体家庭的私事,社区养老伦理弱化,越来越不起作用。因此家庭养老成为问题,有的家庭不给老年人提供赡养物资,有的家庭难以照顾无自理能力的老人,有的家庭无法供给老人精神和交往的慰藉,有的老年人得病了得不到应有的救治,有的老年人饿死在家,有的老年人得了小病被拖成大病。

不过,农村养老问题最主要是失能老年人的日常照料和精神慰藉。凡是能够自理的老年人一般都不愿意增添子代的负担,都是自食其力和自己照顾自己。而老年人失能之后,则由老伴照料。只有那些老伴过世而自己又不能自理的老年人真正需要子代的家庭照料,但是子代又没法照料,因此成为问题。

调查了解到,民政系统的解决办法有以下几种模式:

第一种是集中供养的养老院。由子代出钱将老年人送入养老院集中照料。这种养老方式有几个问题:其一是老年人在熟人社会中生活惯了,不适应养老院的生活;其二是养老院的照料比较粗糙,对老年人也不够尊重,老年人不够自由,这些都会给老年人带来精神压力和精神疾病;其三是只有经济条件较好的家庭才有能力将老人送到养老院。

第二种是居家养老服务中心。这种养老模式不脱离社区熟人社会,在社区内注册成立民办非企业性质的服务机构,由民政机构根据规模和服务情况给予补助和购买服务。服务中心的服务内容主要包括为老人提供助餐、助浴、助洁、助急、助医、护理、探望、助行、助购、助乐、助聊、助学、开设家庭养老床位、精神慰藉等项目。不同的内容收取老年人相应的费用,政府再提供相应的补贴。这种模式的优点是老年人不脱离熟人社会,服务全面,政府不直接经营,而是购买服务。但是实际效果并不乐观,因为农村老人无收入或收入较低,不愿意花钱买服务,也没有花钱购买服务的意识。政府财力不足时就难以有大量的公共资金投入到基础设施建设和购买服务上。全国区域差异较大,有些地区特别是山区和丘陵地区的自然村落分布零散,以行政区为单位提供居家养老服务难以覆盖全面,而以自然村为单位提供服务则造成资源浪费。财政能力雄厚的地方政府可以全面铺开居家养老服务中心,但以此为模板去推广的其他地区因经济能力问题,居家养老覆盖范围有限,且农村居家养老服务中心工作人员收入有限,难以吸引到高素质的服务提供者,服务内容也受到限制。另外,由服务中心提供食宿及活动场所，一旦在服务中心出现老年人食物中毒、床铺着火或摔伤、死亡事件，会因为服务中心有政府购买服务的性质而将责任归到政府身上。

（三）试验和推广社区邻里互助式养老模式

“北上广”等发达地区以行政力量推动的居家养老服务中心成本较高，不适应农民的生活习惯和方式，实施起来效果不佳。对农民家庭之外的养老方式的探索，要把握一个基本前提，那就是农村老年人不需要特殊的、全方位的照料，而是需要基本的、底线式的照料。家庭之外的养老方式必须框定在社区熟人范围内，其费用不能超过家庭养老的成本，也不能大幅度增加政府的开支，不改变老年人基本的生活习惯和方式。

从中西部农村调研来看，一些地方探索出以社区邻里互助为基础的养老方式，较为满足上述前提和基础，运行得也较为成功。它是由村里提供类似老年人活动中心之类的公共场所，老年人自己组织、自己管理，不仅可以在里面娱乐休闲，还能够提供一日两餐的饮食。老年人自带粮食到活动中心，一天都可以待在活动中心，由年纪较轻的老年人负责年纪较大老年人的伙食。傍晚，老年人就回家去了，年纪大的走不动的老年人，由年纪较轻的老年人驱车（扶）送回去。还有些生病或不能自理的老年人还可以在活动中心住下，由年纪较轻的老年人照顾。老年活动中心旁边就是村卫生室，如果老年人觉得有不适就可以第一时间得到医生的看护。通过这种由村里提供场所、老年人自带粮食、由年纪较轻的老年人照顾高龄老年人的机制，可以很好地在村庄社区内解决养老问题，不需要付出额外的照料成本，更不需要专业机构介入。

社区邻里互助式养老模式有以下几个基本特点：一是需要有一个强有力的村级组织将老年人组织起来，形成相互照顾的习惯和传统。二是充分调动社区内的老年人自身的资源，由年轻老人照顾年纪大的老年人，年轻的老年人提供的服务越多，等到他变成年纪大的老年人之后接受其他老人提供的服务也越多。三是管理和服务都由老年人自己提供，即便出了“意外”也由老年人自己承担，老年人的子代不会将问题推卸为政府的责任。四是成本较低，基层组织只需要提供场所、电费、水费等公共服务，而不需要介入具体管理和运营。五是效果较好，老年人之间相互熟悉，知道对方的喜好和需求，能够提供精准而周到的基本服务。社区邻里互助式养老模式，发掘社区本身的资源，解放了农民家庭青壮年劳动力，还能通过老年人的互助形成新的社会伦理，养老变成全村的事情，替代或补充了日趋弱化的家庭伦理。

七、总结与讨论

综合以上报告，总结以下几个方面供进一步讨论：

第一，推进城乡社区建设、深化基层民主，形成自上而下的资源输入与自下而上的需求表达有效对接，增进城乡基层治理的活力。当前国家大量资源输入城乡社区之际，需要调动社区居民的主体性和积极性，将资源用好、用活和落到实处，尤其是要给予社区自治组织一定的机动自主的“活钱”，以激活基层社会治理。这就要深化基层社区民主，通过社区居民会议、居民代表会议等民主形式来动员社区居民，让居民参与和表达，提出自己的需求偏好，从而形成强大的居民共同利益与集体意志。社区自治组织再直面这些需求，回应居民的问题，触及居民的利益。在社区民主动员过程和参与过程中结成的强大集体意志，可以抑制少数人的反对和搭便车行为。这样既可以实现国家资源与居民需求的有效对接，又可以在国家资源落地过程中防止和抑制钉子户的破坏。

第二，社会救助是底线救助，既不能撒胡椒面，也不能提太高的要求，更不能泛福利化，在实践中社会救助应该回归其底线救助的角色与功能。社会救助包括诸多专项救助项目，每个专项救助项目都有自身的救助对象和严格的标准。但是在基层社会实践中，社会救助可能会转变成国家资源的再分配项目，以利益博弈的方式或治理资源的方式给予分配，容易造成资源浪费和救助失准的结果。还有的救助对象对救助项目提过高的要求，甚至通过信访威胁的形式要求获得更多更大的救助。社会救助的“福利捆绑”是最重要的问题，表现为某个救助项目的受助者同时享受其他救助福利，从而使得社会救助背离了底线救助的制度定位，造成了社会救助的项目指标在基层分配的困境，影响社会救助体系的良性运转，也使社会公平的价值目标受到冲击。

第三，在社会治理中发挥最大作用、最能够与居民需求对接的社会组织，是城乡社区内文化性、互助性和群众性的自组织，民政部门应着力培育和支持这类自组织的发展。群众性组织是社区内群众基于自身各方面需求而自发组织、自我管理的，功能限于社区内的社会组织形态。在城乡基层社区，这些组织主要包括老年人协会、各种文艺组织、社区理事会、矛盾调解委员会等。它最大的特点是根植于群众之中，广泛而深刻地联系群众，满足群众的不同需求，能够得到群众的喜爱。它最大的缺点是高度依赖于积极分子的引领和奉献，无法常态化和正规化，也缺少经费支持。民政部门在对社会组织的管理和支持中，应将工作重点放在社区内的这些群众性组织上。

第四，在基层社会治理中，既要走群众路线、做群众工作、调动群众积极性，又要有社会工作队伍和专业知识，将二者结合起来实现社工的群众路线化。只有这样才能有效发挥社会工作队伍在社会治理中的作用。从调查来看，当前社会工作队伍在提供服务的过程中，有专业化的倾向，但无法将专业知识与群众需求结合起来，从而使得政府购买的社工服务没有达到预期效果。社工队伍处在群众之中，又无法深入和联系群众，同时作为理性的职业群体，有着自身利益最大化的倾向，因而难以在精细化的社会治理中发挥作用。民政部门应该培养自己稳定的既具备社工专业知识，又能做群众工作的基层工作队伍，使他们既能够服从行政命令，又有社工专业技术技能，还具有走群众路线的伦理素质。这样才能真正服务于社会治理。

第五，在基层社会治理中，要根据不同治理事务的性质将它们分配给不同的治理主体，使各治理主体发挥各自的特点和优势，各司其职，各尽其责，实现社会治理的多元主体治理。在社区治理中，构建服务型政府也不能把居民所有的事情都大包大揽下来。政府只能向外生型社会组织给少数特殊群体购买个性化的专业服务，而不能将居民所有的个性化需求都通过政府购买和外包来满足。凡是居民能够从市场中自行购买的个性化、差异化的服务，都由居民自己解决，政府和社区组织不应越俎代庖。凡是居民日常性的普遍化的基础性需求，单个的村民无法自行满足，市场也无法替代，则由社区自治组织调动资源、组织和动员群众来解决。社区中还有一些涉及某些群体的基础性需求，则可以将这些受益群体组织起来成立内生型社会组织来满足，基层政府和社区自治组织提供一些指导和支持。社区是自治单位，要充分发挥它进行群众动员、自我决策和自我服务的自治功能。政府的功能主要是在社区自治无法解决的问题上提供支持和指导，主要的治理事务和需求服务则要通过社区自治组织的群众工作来解决，社会组织和社工机构则在某些专业性服务上起到辅助性作用。